DER MONDFISCH

… ist rund wie der Mond. Er sagt deshalb oft „O“.
Außerdem mag er den Seestern.

DIE KRAKENFAMILIE

… ist auch ziemlich groß.
Deshalb haben Krakenmutter und
Krakenvater ihre Kinder nummeriert.
Eins, zwei, drei, vier, fünf, sechs, sieben.
Und das jüngste Kind ist Nummer acht.

DER SEESTERN

… hat fünf Arme (oder sind es Beine?).
Und er mag den Mondfisch.

DER ZACKENBARSCH

… mag hingegen am liebsten
den Zackenbarsch.

DIE STRANDKRABBEN

… spielen gerne Fußball und sind immer
zusammen unterwegs.

UND DER HAIFISCH

… der hat Zähne. Und er hat immer, immer Hunger!

Außerdem kommen noch ein Delfin, eine Forelle,
eine Qualle, eine Muschel, ein Trompetenfisch und ein Fisch
ohne Namen vor …

Dieses Buch erscheint in der Edition NILPFERD.

Edition NILPFERD

www.nilpferd.at
www.ggverlag.at

ISBN 978-3-7074-5309-6

In der aktuell gültigen Rechtschreibung
Papier aus verantwortungsvoll bewirtschafteten Quellen.

1. Auflage 2024

Diese Ausgabe versammelt sämtliche Geschichten, die in den Bänden
„Ein Pflaster für den Zackenbarsch" und „Party im Walfischbauch" erschienen sind,
sowie die neue Geschichte „Das Rezept".

Text und Illustrationen: Jens Rassmus
Text und Musik „Doktorfisch-Song": Jens Rassmus
Satz: studioback.at / Annett Stolarski
Druck und Bindung: Finidr, s.r.o.
Die Edition NILPFERD erscheint im G&G Verlag.

MIX
Papier | Fördert gute Waldnutzung
FSC® C014138
FSC www.fsc.org

Jens Rassmus

VERWICKELTE GESCHICHTEN

ALLE ABENTEUER VOM DOKTORFISCH*

*UND VOM KOFFERFISCH!

Edition NILPFERD

KRAKENSILVESTER 8

DER WAL 18

HAIFISCHGEBURTSTAG 26

RICHTIG NASS 35

DIE KRANKE FORELLE 38

EIN PFLASTER FÜR DEN ZACKENBARSCH 45

DER GEBROCHENE TENTAKEL 49

WELTUNTERGANG 53

SCHÖN, EIN FISCH ZU SEIN 58

UNTER WASSER UNTERWEGS 61

BLASENWETTKAMPF 69

ZWEI PFLASTER FÜR DEN ZACKENBARSCH 75

DIE BESONDERS VERWICKELTE GESCHICHTE 79

DER STURM 86

DER UMZUG 93

DER HIMMEL UNTER WASSER 103

ERINNERUNGEN 114

DAS REZEPT 118

DOKTORFISCH-SONG 132

KRAKENSILVESTER

„Hallöchen", rief der Krakenvater gut gelaunt, als er nach einem ausgedehnten Spaziergang zurück zur Krakenhöhle kam.
„Halloho", rief er noch einmal. „Da bin ich wieder!"
Aber alle Familienmitglieder liefen nur geschäftig in der Höhle umher und beachteten ihn nicht.
Der Krakenvater schaute dem Treiben eine Weile zu. Dann stemmte er zwei Tentakel in die Hüfte und fragte: „Was ist denn hier los?"
„Wir bereiten das Fest vor", sagte eines seiner acht Kinder, das gerade mit einer Schüssel Seegurken aus der Küche kam.
„Fest?" Der Krake legte die Stirn in Falten. „Was für ein Fest denn, Nummer fünf?"
„Papa, heute ist doch Silvester. Der letzte Tag im Jahr."
„Der letzte Tag?", rief der Krake entsetzt. „Das Jahr ist zu Ende? Einfach so? Es kommen keine weiteren Tage mehr?"
„Keine Bange!", beruhigte ihn Kind Nummer sechs, das einen Stuhl aus der Küche ins Esszimmer schleppte. „Es gibt dann wieder ein neues Jahr. Sogar schon ab morgen."
„Ah, gut … das ist gut zu wissen." Der Krake ließ sich erleichtert in den Stuhl fallen und wischte sich über die Stirn. Dann fiel ihm eine weitere Frage ein: „Was gibt es denn zu essen?"
„Raclette!", riefen alle in bester Laune.

„Raclette? – Das ist aber ein bisschen gefährlich mit den heißen Pfännchen. Ihr könntet euch die Saugnäpfe verbrennen!"
„Wir sind doch unter Wasser! Keine Angst, Papa. Da passiert schon nichts."
„Und du könntest übrigens ruhig mithelfen", sagte die Krakenmutter, die aus der Speisekammer trat und ihrem Mann vier Schalen Algenkompott in die Tentakel drückte. „Gleich kommen schon Onkel Plopp und Tante Flutsch."

Eine halbe Stunde später waren für jeden Platz ein Teller, ein Messer, eine Gabel, ein Glas, zwei Löffel und zwei Pfännchen gedeckt, und die Höhle war festlich geschmückt. Onkel Plopp und Tante Flutsch erschienen pünktlich und hatten für alle einen lustigen Hut mitgebracht. Für den Krakenvater einen gelben, für die Krakenmutter einen grünen, für Tante Flutsch einen blauen, für Onkel Plopp einen rosafarbenen und für die Kinder rote.
„Oh, wie schön das aussieht!", rief Tante Flutsch, als sie die Essenstafel erblickte. Vor Begeisterung reckte sie so viele Tentakel in die Höhe, dass sie fast das Gleichgewicht verlor.
Und Onkel Plopp, der immer großen Hunger hatte, rieb sich mit so vielen Tentakeln den Bauch, dass auch er fast das Gleichgewicht verlor.
Dann setzten sich alle auf ihre Stühle.
„Tentakel auf den Tisch!", kommandierte die Krakenmutter, und acht mal zwölf Tentakelenden erschienen auf der Tischkante.
„Sehr schön! Und jetzt: guten Appetit!"

Augenblicklich schnappten sich alle ihre Pfännchen und begannen sie mit leckeren Dingen zu befüllen.

„Kann ich mal den Seetang?“, rief Krakenkind Nummer acht.
„Hier, bitte!“, sagte Tante Flutsch. „Und ich hätte gern die Strudelwürmer.“
„Da hast du sie! Gib mir doch bitte mal den Planktonstreuer, Nummer zwei.“
„Wo sind die Polypenchips, Mama?“
„Schrei nicht so! Sie stehen neben den Seegurken. – Könnte ich bitte die Meergraskroketten haben, lieber Plopp?“
„Gerne doch! Wenn du mir dafür den köstlichen Quallensalat herüberreichst.“
Die Tentakel langten über- und untereinander und kreuz und quer über den Tisch.
„So“, sagte Tante Flutsch und schlug mit dem Löffel gegen ihr Glas.
„Nun wird aber erst mal angestoßen. Auf das neue Jahr. Prost!“
Alle hoben feierlich ein Glas und tranken. Doch da bereits ein ziemliches Durcheinander herrschte, trank Onkel Plopp aus Versehen aus dem Glas, das Nummer sieben in die Höhe hielt, und Nummer sieben trank aus Versehen aus dem Glas, das Onkel Plopp in die Höhe hielt.
„Ich fürchte, mein Bier ist schlecht“, krächzte Onkel Plopp und schüttelte sich.
„Bäh, mein Saft schmeckt voll nach Spülwasser“, rief Krakenkind Nummer sieben und spuckte quer über den Tisch. Dann nahm es das Glas von Nummer drei und trank es komplett aus, um den ekeligen Biergeschmack loszuwerden.
„Wirst du dich wohl benehmen!“, schimpfte die Krakenmutter.
„Das war mein Saft, du Blödmann!“, rief Nummer drei und schnippte Nummer sieben den Hut vom Kopf.

„Nun reicht es!“ Mit hochrotem Kopf stand der Krakenvater auf, packte einen Tentakel von Nummer drei und einen Tentakel von Nummer sieben und verknotete sie miteinander.
„So!“, sagte er, „lasst euch das eine Lehre sein! Und wenn ihr weiter Unsinn macht, verknote ich euch die anderen Arme auch noch! – Jetzt ist Ruhe im Karton!“
„Okay, Papi“, summten die Kinder kleinlaut.
Der Krakenvater setzte sich wieder und griff nach seinem Pfännchen.
Die Kinder fingen an zu kichern.
„Wieso grinst ihr so komisch?“
„Weil du nicht uns, sondern Onkel Plopp und Tante Flutsch verknotet hast!“, prusteten die Kinder und hielten sich gegenseitig die Bäuche vor Lachen. „Du hast die Tentakel verwechselt!“
Sofort sprang der Krakenvater auf und bemühte sich, den Knoten, den er gerade geknotet hatte, wieder aufzuknoten. „Entschuldigt! Moment, das hab ich gleich.“
„Nein, lass! Wir machen das lieber selber“, knurrte Onkel Plopp.
Er und Tante Flutsch versuchten nun gleichzeitig den Knoten zu lösen. Onkel Plopp zerrte in die eine Richtung, doch Tante Flutsch zerrte in die andere Richtung. Die Schüssel mit den Strudelwürmern kippte um, Gläser rollten über den Tisch, Pfännchen fielen zu Boden, Seegurken hüpften durch die Gegend. Da Tante Flutsch stärker war, rutschte Onkel Plopp schließlich aus und knallte vornüber auf den Tisch, mitten auf das Raclette-Gerät.

„Hilfe!“, schrie er und stieß vor Schreck eine riesige schwarze Tintenwolke aus.
„Keine Panik. Das hat er manchmal, wenn er sich aufregt“, versuchte Tante Flutsch zu beruhigen. Doch die Panik war schon da und griff um sich! Keiner konnte mehr etwas sehen, alle zogen und schoben, und die acht mal zwölf Tentakelarme umschlangen, verflochten, verrenkten, verdrehten und verhedderten sich immer weiter, bis keiner sich mehr bewegen konnte.
Als sich die Tinte verzogen hatte, waren alle zu einem einzigen großen Knäuel verknotet.
„Hilfe, ich kriege keine Luft mehr!“, stöhnte Onkel Plopp, dessen Kopf sich genau in der Mitte des Knäuels zu befinden schien.
„Du brauchst auch keine Luft. Du bist ein Krake“, belehrte ihn Nummer eins. „Du hast Kiemen.“
„Na gut. Dann eben: Hilfe, ich kriege kein Wasser mehr!“
„Was machen wir jetzt bloß?“, schluchzte Tante Flutsch.
„Wir müssen warten, bis jemand vorbeikommt, der uns helfen kann“, sagte die Krakenmutter. „Alleine schaffen wir das nicht.“
Für eine Weile herrschte Schweigen. Alle dachten über die verzweifelte Lage nach, in der sie sich befanden. Dann sagte Nummer vier: „Hier bei mir guckt übrigens ein Tentakel raus!“
„Was?“, rief der Krakenvater aufgeregt von der anderen Seite des Knäuels. „Das kann unsere Rettung sein! Wem von euch gehört er?“
Alle probierten ihre sämtlichen Tentakelarme aus, doch keiner konnte den einzigen noch freien Arm bewegen.

„Das gibt's doch nicht!", knurrte der Krakenvater.
„Vielleicht ist es ja deiner?", schlug Nummer zwei vor. „Er ist nämlich lila."
„Was?" Nun erst probierte auch der Krakenvater seine Tentakel durch.
„Er bewegt sich!", rief Nummer vier.
„Tatsächlich? – Oh, äh … gut!"
Der Krakenvater tastete mit dem Arm über den Tisch, bis er zwischen allen Tellern, Schüsseln, Schälchen, Gläsern, Gabeln, Löffeln, Messern und Pfännchen das Muschel-Telefon fand.
„Wir müssen den Doktorfisch anrufen", sagte er.

Nach einer langen, sehr unbequemen Stunde erschien kurz nach Mitternacht endlich der Doktorfisch in der Krakenhöhle. Neben ihm schwamm sein Assistent, der kleine Kofferfisch mit dem blauen Kreuz auf der Seite.
„Frohes neues Jahr zusammen!", sagte der Doktorfisch.

„Doktorfisch, endlich! Hilf uns!", rief der Krakenvater.
„Schnell! Ich kriege kein Wasser mehr!", krächzte Onkel Plopp aus dem Inneren des Krakenknäuels.
Der Doktorfisch schwamm einmal um die ganze Bescherung herum.
„Hm", murmelte er. „Ich fürchte, dies ist ein Fall für den Sägefisch."
„Nein!", schrien alle. „Nicht den Sägefisch!"
„Lass dir etwas einfallen. Bitte!", flehte die Krakenmutter.
Der Doktorfisch kratzte sich mit der Flosse am Kinn und überlegte.
„Okay", sagte er schließlich. Er tippte dem Kofferfisch auf die Stirn. Der Kofferfisch öffnete sein Maul, der Doktorfisch griff hinein und holte etwas heraus.

Und dann verschwand er.
„Wo ist er hin?“, fragte der Krakenvater.
Der Kofferfisch zuckte mit den Schultern.
„Weggeschwommen“, sagte Nummer fünf enttäuscht.
„Das kann er doch nicht machen!“, sagte die Krakenmutter.
„Hahaha“, lachte Onkel Plopp.
„Was gibt’s denn da zu lachen?“, fragte Tante Flutsch.
„Hohohoho“, lachte Onkel Plopp weiter.
„Wir sind in einer ernsten Lage. Das ist nicht witzig. Hör auf!“
„Ja, aufhören!“, kreischte Onkel Plopp, doch seltsamerweise lachte er dabei weiter, und zwar noch etwas lauter als zuvor. Er wackelte und wabbelte und wand sich hin und her. Das ganze Knäuel begann zu hüpfen und zu rollen, bis sich ein Tentakel nach dem anderen löste und alle Krakenkinder, die Krakenmutter, der Krakenvater, Tante Flutsch und als Letzter der kichernde Onkel Plopp wieder freikamen.
Auch der Doktorfisch war nun wieder zu sehen. Er hörte auf, Onkel Plopp zu kitzeln, sagte: „Lachen ist manchmal eine gute Medizin“, und steckte die Feder wieder zurück in den Kofferfisch.
„Oh, wie können wir dir nur danken“, ächzte der Krakenvater, der mit geschlossenen Augen völlig erschöpft am Boden lag.
„Mögt ihr ein bisschen von dem Algenkompott?“, fragte die Krakenmutter.
„Nein, danke“, sagte der Doktorfisch bescheiden, „vielleicht ein andermal.“ Er verabschiedete sich und schwamm mit dem Kofferfisch in die Dunkelheit des neuen Jahres davon. „Endlich schlafen“, dachte er. Doch da klingelte schon wieder sein Muschelhandy.

DER WAL

„Hallo?", sagte der Doktorfisch müde.
„Ich bin's", meldete sich eine tiefe Stimme.
„Was gibt es, Wal?", fragte der Doktorfisch.
„Mir geht es schlecht."
„Wieso?"
„Ich habe Bauchweh."
„Ist es schlimm?"
„Ja."
„Na gut", seufzte der Doktorfisch, „wir kommen. Wo schwimmst du gerade rum?"
„Ich weiß nicht so genau. Irgendwo im Meer."
„Aha." Der Doktorfisch überlegte einen Moment. „Sing mal was!"
„Singen? Ich? – Ich kann nicht singen."
„Du bist ein Wal. Alle Wale können singen."
„Aber nicht die, die Bauchschmerzen haben."

„Versuch es einfach. Hauptsache, laut."
Der Doktorfisch schaltete sein Muschelhandy aus und lauschte mit dem Kofferfisch in die Weite des Ozeans. Schließlich vernahmen sie in der Ferne ein sehr trauriges und sehr langgezogenes Geräusch. Es klang, als würde jemand einen alten, rostigen Öltanker zersägen.
„Dass es ihm so schlecht geht, hätte ich nicht gedacht", sagte der Kofferfisch.
Nach etwa einer Stunde erreichten sie den Wal. Allerdings erst die Schwanzflosse. Bis zum Kopf benötigten sie noch einmal eine Viertelstunde. Das Walgeheul war nun so laut, dass ihnen die Schuppen zu Berge standen. Sie schwammen dem Wal direkt vor sein eines Auge. Der Doktorfisch winkte mit beiden Flossen und schrie: „Du brauchst nicht mehr zu singen, wir sind hier!"

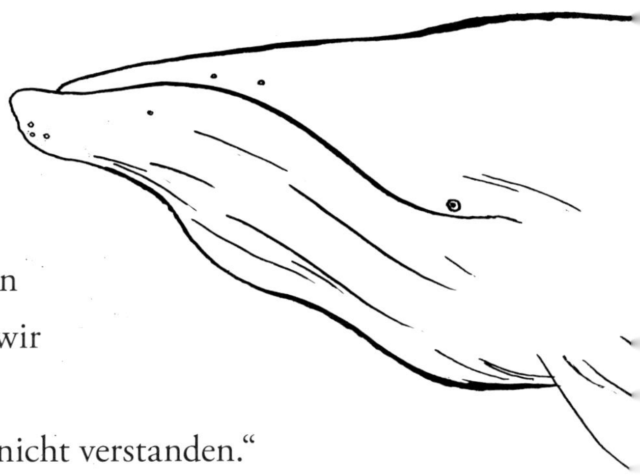

„Wie bitte?", sagte der Wal heiser. „Ich hab dich nicht verstanden."
„Schon gut. War nicht so wichtig", erwiderte der Doktorfisch und winkte den Kofferfisch zu sich heran. Der Kofferfisch kam und öffnete sein Maul. Der Doktorfisch griff hinein und holte einen Notizblock hervor.
„Was hast du denn in letzter Zeit gegessen, Wal?", fragte er und rückte sich die Brille zurecht.
„Keine Ahnung. Ich bin einfach mit offenem Mund durch die Gegend geschwommen. Wie immer."
„Hm." Der Doktorfisch klappte seinen Block wieder zu und steckte ihn zurück in den Kofferfisch. „Dann werden wir dich mal untersuchen. Mach bitte den Mund auf!"
„Sehr gerne", sagte der Wal.

Er öffnete sein riesiges Maul, und der Doktorfisch und der Kofferfisch schwammen hinein. Sie glitten durch den Rachen und durch den Schlund hinab bis in den unendlichen Bauch des Wales. Es wurde dunkler und dunkler. Nur ein schwacher Schimmer vom offenen Walfischmaul spendete noch Licht. Ab und zu gluckerte es hier und blubberte dort. Die beiden Fische schauten nach rechts und links und schwammen vorsichtig weiter in die Tiefe.

Plötzlich konnten sie erkennen, dass sich vor ihnen etwas bewegte.

Es war groß, und es war rund und schimmerte matt im Dämmerlicht.

Es war der Mondfisch.

„Was machst du denn hier?", fragte der Doktorfisch.

„O", sagte der Mondfisch.

„O? – Was meinst du mit ‚O'?"

„Ich meine: O ich habe solche Bauchschmerzen."

„O", sagte der Doktorfisch, „du auch? Ist es schlimm?"

„Nein, eigentlich nicht", sagte der Mondfisch mit gequälter Stimme.

„Es ist also *nicht* schlimm?"

„O doch."

„Ist es *sehr* schlimm?"

„O ja."

„Dann mach mal den Mund auf."

Der Mondfisch tat, wie ihm geheißen, und der Doktorfisch und der Kofferfisch schwammen in ihn hinein. Nun wurde es noch dunkler, denn von dem wenigen Licht, das durch das offene Walmaul bis in den Walbauch schien, drang nur noch ein allerletzter Rest durch das offene Mondfischmaul. Sie konnten fast nichts mehr erkennen.

Trotzdem bemerkten sie nach einer Weile, wie im großen Bauch des Mondfisches irgendetwas hin und her schwamm. – Es war der Zackenbarsch.

„Was machst du denn hier?“, fragte der Doktorfisch.

„Doktorfisch! Welch ein Glück, dass ich dich treffe!“, stöhnte der Zackenbarsch. „Könntest du mich bitte mal untersuchen?“

„Hast du etwa Bauchschmerzen?“

„Ja, das stimmt! Woher weißt du das?“

„Er ist Arzt“, erklärte der Kofferfisch.

„Mund auf!“, befahl der Doktorfisch. Und so schwammen sie in den Zackenbarsch.

Im Inneren des Zackenbarsches herrschte die reine, die absolute Finsternis.

„Wie willst du ihn untersuchen, wenn du nichts siehst?“, fragte der Kofferfisch.

„Als Arzt muss man den Dingen immer auf den Grund gehen“, sagte der Doktorfisch und nahm den kleinen Kofferfisch an der Flosse.

„Oder auf den Grund schwimmen“, sagte der Kofferfisch.

Auf gut Glück tasteten sie sich mit ihren Flossen und Nasen an weichen Wänden entlang. Ab und zu blubberte es ihnen entgegen, und einmal musste sich der Kofferfisch kurz die Nase zuhalten.

Seltsamerweise kam es ihnen nach einer Weile so vor, als wäre es nicht mehr ganz so dunkel. Tatsächlich schien von irgendwo her ein schwaches Licht zu scheinen! Aufgeregt schwammen sie um die nächste Biegung, und plötzlich sahen sie vor sich zwei Strandkrabben, die mit einer alten Tangblase Fußball spielten. Über ihnen schwamm als Schiedsrichter ein Laternenfisch und beleuchtete das Spielfeld. Die Krabben riefen „Hepp“

und „Hey“ und „Tor“ und „Eins zu eins!“, und der Laternenfisch blies ab und zu in seine Schiedsrichterpfeife. Sie waren so in ihr Spiel vertieft, dass sie die beiden Neuankömmlinge nicht bemerkten.
Der Doktorfisch holte aus dem Maul des Kofferfisches eine Trillerpfeife hervor, die doppelt so groß war wie die des Laternenfisches. Der Pfiff war so laut, dass die Krabben vor Schreck einen Salto rückwärts machten.
„Hey, Leute“, rief der Doktorfisch. „Ihr könnt hier nicht Fußball spielen. Der Wal kriegt davon Bauchweh.“
„Das ist aber so ein toller Bolzplatz hier“, sagte die eine verdutzte Krabbe.
„Nur noch das Spiel zu Ende“, sagte die andere verdutzte Krabbe.
„Nein, das geht nicht. Ihr müsst draußen weiterspielen! Kofferfisch, schnapp dir den Ball!“
Blitzschnell schoss der kleine Kofferfisch nach vorne, öffnete das Maul und verschluckte die Tangblase. Dann kehrte er zurück zum Doktorfisch, und zusammen machten sie sich auf den Rückweg. Notgedrungen trotteten die Strandkrabben, die nun keinen Ball mehr hatten, mit dem Laternenfisch hinterher.
Der Zackenbarsch staunte nicht schlecht, als er den Doktorfisch und den Kofferfisch mit den beiden Krabben und dem Laternenfisch aus seinem Maul kommen sah. „Wer sind die denn alle?“
„Das sind deine Bauchschmerzen“, sagte der Doktorfisch. „Los, komm mit!“
Auch der Mondfisch wunderte sich, den Doktorfisch und den Kofferfisch in Begleitung zweier Krabben, eines Laternenfisches und des Zackenbarsches wiederzusehen.
„Komisch, ich dachte, ihr wärt allein unterwegs gewesen“, sagte er. „O.“
„Was meinst du mit ‚O‘?“, fragte der Zackenbarsch.
„Ich meine: O meine Bauchschmerzen sind weg.“

„Das ist gut", sagte der Doktorfisch. „Komm mit!"
Der Wal fühlte, wie sich in ihm etwas tat. Aus den Bauchschmerzen wurde ein Brustkribbeln, und aus dem Brustkribbeln wurde ein Halskratzen, und auf einmal schwammen vor ihm der Mondfisch, der Zackenbarsch, der Laternenfisch und der Doktorfisch mitsamt dem Kofferfisch, und zwei Krabben kraxelten über seine Unterlippe.
„Ach, du meine Güte", sagte der Wal. „Wer ist denn das alles? Kein Wunder, wenn man da Bauchweh bekommt! Vielen Dank, dass ihr mir geholfen habt. Ich werde ab heute mehr auf meine Ernährung achten."
Er sagte „Frohes neues Jahr!" und „Auf Wiedersehen", dann schwamm er davon.
„Äh, ja, vielen Dank auch", sagte der Zackenbarsch und verabschiedete sich ebenfalls.
Auch der Mondfisch bedankte sich. Zum Abschied stieß er eine kleine Blase aus, so rund wie ein „O".
Die Strandkrabben und der Laternenfisch blieben am Meeresgrund zurück und schauten verlegen zu Boden.
„Okay", sagte der Doktorfisch, „ich schlage vor, ihr beide gegen den Kofferfisch und mich! Laternenfisch, knips deinen Scheinwerfer an!"
Der Kofferfisch spuckte die Tangblase aus und schoss den Ball mit der Schwanzflosse in die Höhe.
„Juhu!", riefen die Strandkrabben.

HAIFISCHGEBURTSTAG

An einem trüben blauen Tag schwamm der Hai ziellos umher. Er war nicht sonderlich beliebt bei den anderen Fischen und hatte kaum Freunde. Um genau zu sein, hatte er eigentlich gar keine. Dafür war er einfach immer viel zu hungrig. Es ist nicht leicht, ein großes Herz zu haben, wenn man einen großen Magen hat, sagte er sich.
Der Haifisch ruderte mit seiner Schwanzflosse gleichmäßig und lautlos durch die endlose Weite des Meeres. Es war ein Tag wie jeder andere. Alles war wie immer, denn es war *immer* alles wie immer. Nie gab es einen besonderen Tag. – Doch warum eigentlich nicht? Der Hai hörte auf, seine Schwanzflosse zu bewegen und ließ sich treiben, denn er hatte plötzlich eine Idee. Eine super Idee!

Einige Zeit später gab es am Meeresboden eine aufgeregte Versammlung. Es war das Seepferdchen, das die Sache entdeckt und sofort alle zusammengetrommelt hatte. Jemand hatte mit großen Buchstaben etwas in den Sand geschrieben.
Dort stand:

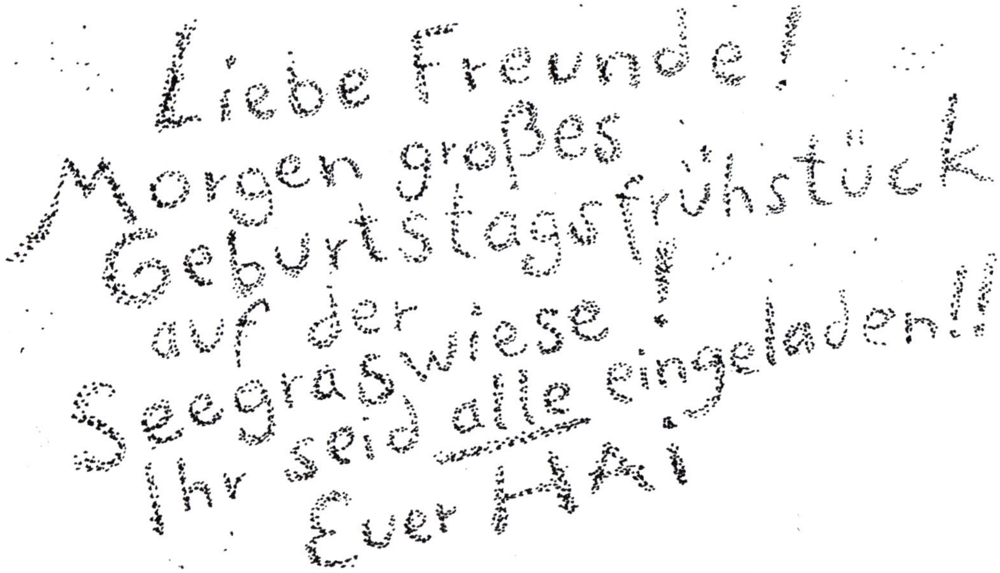

„Geburtstagsfrühstück? Wer hat denn Geburtstag?“, fragte der Kugelfisch, der noch nicht ganz zu Ende gelesen hatte.
„Na, der Hai natürlich, du Dummkopf“, sagte der Zackenbarsch.
„Und er lädt uns ein? Das ist aber nett von ihm.“
„Ob er sich wohl etwas wünscht?“, überlegte das Seepferdchen. „Eine Flossencreme vielleicht? Oder eine Zahnbürste?“
„Oder Turnschuhe!“, riefen die Strandkrabben.
„Nein“, unterbrach der alte Butt,
„hier steht noch etwas.“

PS: Ich brauch keine Geschenke. Hauptsache, ihr kommt!
H.

Die Nachricht von der Einladung des Hais sprach sich schnell herum. Auch der Doktorfisch erfuhr davon, als er am Nachmittag den Seestern besuchte, um einen Verband zu wechseln. (Der Seestern hatte sich nämlich am Tag zuvor mit einem Seeigel gestritten, und es ist wirklich nicht klug, sich mit einem Seeigel zu streiten.)
„Morgen Vormittag“, sagte der Seestern. „Auf der Seegraswiese. Der Hai. Geburtstag.“
„Echt?“, fragte der kleine Kofferfisch.
„Schere!“, sagte der Doktorfisch.
Der Kofferfisch spuckte die Schere aus. „Gehen wir da auch hin?“
Der Doktorfisch nahm die Schere und schnitt den Verband zurecht.
„Nein, wir müssen arbeiten. Pflaster!“
Der Kofferfisch spuckte die Pflasterrolle aus. „Aber wir könnten doch auch mal nicht arbeiten.“

Der Doktorfisch schnitt einen Pflasterstreifen ab und klebte den Verband fest. Dann steckte er dem Kofferfisch Schere und Pflasterrolle wieder zurück ins Maul.
„Na schön", sagte er. „Ich werde allein arbeiten, und du hast den Vormittag frei."

Schon früh am nächsten Morgen hatte der Hai einen langen Tisch auf die Seegraswiese gestellt und darüber ein schönes weißes Tischtuch gebreitet. Nun saß er allein am Kopfende und fragte sich, ob wohl jemand zu seiner Feier kommen würde.
Genau genommen hatte er heute gar nicht Geburtstag. Aber das war ja gerade das Lustige!
Endlich hörte er leichtes Flossenschlagen. Es waren die Flossen des Kugelfisches, der vorsichtig um die Ecke geschwommen kam. Der Hai setzte sein freundlichstes Lächeln auf.
„Herzlichen Glückwunsch, lieber Hai!", sagte der Kugelfisch.
„Danke. Schön, dass du gekommen bist, mein Lieber. Nimm Platz!"
Dann kam das Seepferdchen und gleich dahinter der Laternenfisch.
Schließlich kamen auch der Zackenbarsch, die Strandkrabben, der Einsiedlerkrebs, der Seestern, der Butt und zuletzt der kleine Kofferfisch.

Alle gratulierten dem Hai, und der bedankte sich jedes Mal höflich. Als sich alle um den Tisch herum versammelt hatten, richtete er sich auf, wartete, bis Ruhe eigekehrt war, und begann mit einer kleinen Rede.
„Ich freue mich sehr, dass ihr euch heute die Zeit genommen habt, mit mir zu feiern, und es ist für mich eine besondere Ehre, diesen Tag mit euch zusammen verbringen zu dürfen. Ihr wisst, ich …"
„Entschuldige, wenn ich unterbreche", sagte der Einsiedlerkrebs. „Stand in der Einladung nicht etwas von Frühstück? Ich sehe aber gar nichts zu essen."

„Genau!", rief das Seepferdchen, das dem Einsiedlerkrebs dankbar war, diesen Punkt angesprochen zu haben.
„Nichts zu essen? Aber wieso?", sagte der Hai. „Ihr habt doch alle etwas Leckeres mitgebracht! Und ihr habt recht. Genug der Worte. Wir sollten gleich mit dem Frühstück beginnen! Ich wünsche mir einen guten Appetit!" Er öffnete sein Maul mit den schrecklichen Zähnen und nahm einen kleinen Anlauf.
„Moment!", schrie der Kugelfisch in letzter Sekunde. „Wir haben ja noch gar nicht gesungen!"
„Stimmt. Das kommt immer vor dem Essen", ergänzte der Butt eilig.
„Na gut", sagte der Hai leicht verwirrt und klappte sein Maul wieder zu, „meinetwegen."

Der Butt gab einen Ton vor. Dann sangen alle: „Zum Geburtstag viel Freud wünschen alle wir heut. Zum Geburtstag, lieber Ha-ai, zum Geburtstag viel Freud!“
„Danke, das war sehr lieb“, sagte der Hai gerührt. „Aber jetzt wollen wir nicht länger warten.“
Wieder sperrte er sein Maul auf, das diesmal noch größer und noch hungriger aussah als zuvor.

„Halt!“, rief eine der Strandkrabben.
„Was denn jetzt noch?“, fragte der Hai.
„Wir haben vergessen anzustoßen!“
„Stimmt. Das kommt auch immer vor dem Essen“, sagte der Butt.
„Also, äh“, begann die Krabbe. „Auf dein Wohl. Gesundheit und ein kur… äh, superlanges Leben!“
Alle öffneten ihre Mäuler und tranken einen Schluck Meerwasser.
„Vielen Dank! Danke!“, sagte der Hai. „Das ist wirklich sehr liebenswürdig. Doch nun …“
„Wollen wir nicht vor dem Essen noch was spielen?“, rief das Seepferdchen.
„Oh ja, ein Spiel!“, riefen der Seestern und der Laternenfisch.
„Stimmt. Ein Spiel vor dem Essen gehört dazu“, sagte der Butt.
„Na gut“, brummte der Hai. „Aber das ist die letzte Unterbrechung. Was sollen wir denn spielen?“
„Topfschlagen!“, rief das Seepferdchen. „Und du darfst anfangen, du bist das Geburtstagskind.“
Es riss eine lange braune Alge ab, schwamm zum Hai und verband ihm die Augen. Der Kugelfisch gab ihm einen Stock in die Flosse, und der Zackenbarsch drehte ihn fünfmal im Kreis.

„Und nun?", fragte der Hai.
„Du musst mit dem Stock klopfen und die Riesenmuschel finden. Darunter ist etwas versteckt", erklärte das Seepferdchen.
„Okay."
„Aber nicht schummeln!"
Der Hai schwamm dicht über dem Boden und klopfte mit dem Stock ins Seegras. Er drehte sich ein wenig nach links, schwamm dann ein wenig nach rechts und stieß gegen den Tisch. Also drehte er sich um und bewegte sich in die andere Richtung. Er machte eine weitere Drehung nach links und … auf einmal schlug er mit dem Stock auf etwas Hartes. Er nahm die Algenbinde ab, und tatsächlich lag vor ihm eine umgedrehte Riesenmuschelschale.
„Haha! Gefunden!", rief der Hai erfreut und reckte in Siegerpose die Flossen nach oben.
Als er sich umblickte, stellte er jedoch fest, dass er allein auf der Wiese war. Alle seine Geburtstagsgäste waren fort.
„So was Gemeines", dachte er, „die haben mich reingelegt! Das war alles nur Lug und Trug!" Wütend stieß er mit der Schwanzflosse die Muschel um. Unter der Muschel steckte der kleine Kofferfisch. „Huhu."
„Was machst du denn noch hier?", rief der Hai und zog die Stirn in Falten.
„Ich wollte dir etwas sagen. Es ist ganz schön unhöflich, seine Geburtstagsgäste auffressen zu wollen."
„Ich? Euch auffressen? Wie kommst du denn darauf?"
„Willst du es etwa abstreiten?"
Der Hai kratzte sich an den Kiemen. „Und wenn schon? Ich bin halt ein Hai. Ein großer, starker, schöner Hai. Der König unter den Fischen. Und du bist nichts weiter als ein Pausensnack." Damit riss er sein Maul auf

und verschlang den Kofferfisch mit einem Happs. Besser als gar nichts, dachte er und wischte sich mit der Flosse über das Maul.
Einen Moment später erblickte er vor sich einen kleinen gelben Fisch mit einem blauen Kreuz auf der Seite. „Huhu."
„Hä?", sagte der Haifisch. „Wer bist du denn?"
„Der Kofferfisch."
„Das ist unmöglich. Ich habe dich gerade gefressen."
„Ach komm, vergiss es", sagte der Kofferfisch. „Ich bin so klein, dass ich durch deine riesigen Zahnlücken locker entkommen kann. – Und das ist dein Glück!"
Der Hai verstand gar nichts mehr. „*Mein* Glück? Du meinst wohl *dein* Glück."
„Nein, *dein* Glück. Denn wenn es dir doch gelänge, mich zu fressen, hättest du danach nur noch mehr Hunger. Weil ich nämlich so eine kleine Portion bin und nicht satt mache. Aber okay, *mein* Glück natürlich auch. Wir haben beide Glück. Herzlichen Glückwunsch uns beiden!"
Der Hai starrte auf den Kofferfisch und machte dabei ein äußerst dummes Gesicht. Er sah mit einem Mal sehr müde und sehr nachdenklich und sehr traurig aus. Die Feier war überhaupt nicht so verlaufen, wie er sie sich vorgestellt hatte. Alles schien trüb und grau und eintönig wie immer. Und auch der Appetit war ihm vergangen.
„Komm, wir spielen eine Partie Mau Mau!", lächelte der Kofferfisch und zog ein Kartenspiel aus seinem Maul hervor. „Ich gebe, und du fängst an, weil du Geburtstag hast."

RICHTIG NASS

Es regnete.
Und wenn es regnete, liebte es der Kofferfisch, ganz dicht an der Wasseroberfläche entlangzuschwimmen. Er lauschte dem Prasseln der Regentropfen und beobachtete die kleinen Wellenkreise über sich.
„Weißt du was?“, sagte er zum Doktorfisch, der neben ihm schwamm.
„Nein.“
„Ich wäre so gerne mal richtig nass.“
„Wir sind Fische“, sagte der Doktorfisch. „Wir sind immer nass.“
„Wir sind unter Wasser, aber nass sind wir nicht. Nass ist man nur, wenn man nass ist.“
Der Doktorfisch warf dem Kofferfisch einen fragenden Blick zu.
„Du meinst, man ist nass, wenn man nass ist, aber man ist nicht nass, wenn man unter Wasser ist?“
„Genau.“
„Dann ist man ja nie nass“, sagte der Doktorfisch nach einer Pause.
„Doch! Wenn du Luft und Wasser gleichzeitig auf dir spürst, dann bist du nass. Zum Beispiel, wenn du gebadet hast und dann an Land gehst.“
„Fische gehen aber nicht an Land“, warf der Doktorfisch ein.
„Oder wenn du durch den Regen schwimmst.“
„Man kann auch nicht durch den Regen schwimmen.“
„Ja, leider“, sagte der Kofferfisch.
Allmählich ließ der Regen nach. Nur ab und zu fielen noch einzelne

Tropfen aufs Wasser. Da bemerkte der Doktorfisch einen Delfin, der in der Ferne seine Runden drehte.

„Warte mal eben“, sagte er zum Kofferfisch und schwamm davon.

Kurze Zeit später kam er in Begleitung des Delfins zurück. Der Delfin machte ein freundliches Gesicht (denn Delfine machen einfach immer ein freundliches Gesicht). „Ich weiß, wie es dir geht“, sagte er. „Ich kann dir helfen.“

„Wirklich …?“, wollte der Kofferfisch fragen, doch bevor er dazu kam, klappte der Delfin seinen Schnabel einmal auf und einmal zu und umschloss den Kofferfisch mit seinen Zähnen. Dann tauchte er tief hinab, machte eine Drehung, schnellte wieder empor, schoss aus dem Wasser heraus und spuckte den kleinen Fisch in die Höhe. Der Kofferfisch flog durch die Luft, dass ihm der Wind durch die Flossen wehte. Er drehte sich um sich selbst, sah den Wolkenhimmel über sich und unter sich das Meer, und Wassertropfen stoben in alle Richtungen. Ein Sonnenstrahl schien in sein Gesicht, ein Regentropfen streifte seine Nase, er hörte Flügelschlagen und Möwengekreisch, ihm wurde kalt und warm zugleich. Einen kurzen himmlischen Moment lang blieb er in der Luft stehen, bevor er wieder zu fallen begann. Dann sauste er hinab, sah das Meer immer näher kommen und klatschte schließlich mit einem Riesenspritzer zurück ins Wasser, wo er sprudelnd untertauchte.

„Na, wie war’s?“, fragte der Doktorfisch.

„Toll!“, strahlte der Kofferfisch. „Ich war richtig nass!“

DIE KRANKE FORELLE

„Hörst du das auch?“
„Ja“, sagte der Kofferfisch.
„Komisches Geräusch, oder?“, wunderte sich der Doktorfisch. „Was ist das?“
„Es ist dein Handy. Es klingelt.“
Der Kofferfisch öffnete sein Maul, und nun klingelte es laut und deutlich.
„Ah“, sagte der Doktorfisch und holte das Muschelhandy aus dem Kofferfisch hervor. „Hallo?“
„Hallo“, meldete sich eine schwache Stimme aus dem Telefon.
„Hier spricht die … Forelle. Ich bin so krank. Du musst kommen, Doktorfisch!“
„Oh. Das geht leider nicht“, sagte der Doktorfisch. „Du lebst im Fluss und nicht im Meer. Dort können wir nicht hin. Aber trotzdem gute Besserung.“
Er legte auf und schob das Handy zurück in den Kofferfisch.
„Wieso geht es nicht? Wieso können wir nicht in den Fluss schwimmen?“, fragte der Kofferfisch.
„Weil wir nur im Salzwasser leben können“, erklärte der Doktorfisch.
„Wir sind Meeresfische. Und im Fluss ist Süßwasser. Das vertragen wir nicht.“
„Ach so“, sagte der Kofferfisch. „Schade.“
Es verging ein kurzer Moment, dann fragte der Doktorfisch: „Hörst du auch dieses seltsame Gedudel?“

„Es ist wieder das Telefon“, sagte der Kofferfisch und öffnete sein Maul. „Bestimmt ist es auch wieder die Forelle.“

Der Kofferfisch hatte recht.

„Ich bin immer noch so krank“, schluchzte sie. „Könnt ihr denn wirklich nicht kommen? Keiner kann mir sonst helfen.“

„Nein“, sagte der Doktorfisch, „es tut mir wirklich sehr leid.“

Er legte wieder auf.

„Arme Forelle“, sagte der Kofferfisch.

Der Doktorfisch sagte nichts, denn er dachte nach. Er schob seine Brille zurecht und kratzte sich an der Nase. Dann holte er das Schild mit der Aufschrift „Heute leider geschlossen“ hervor und hängte es an ein Korallenästchen. „Vielleicht können wir der Forelle doch helfen“, sagte er. „Komm mit!“

Die beiden Fische schwammen an der Krakenhöhle vorbei und über die Seegraswiese, bis das Wasser immer flacher und wärmer wurde.

Sie fragten das Seepferdchen nach dem Weg zur Flussmündung, aber das Seepferdchen hatte keine Ahnung, wo die sein könnte.

„Vielleicht da lang. Oder dort“, sagte es und zeigte in verschiedene Richtungen.

„Danke“, sagte der Doktorfisch.

Trotzdem erreichten sie nach einiger Zeit ihr Ziel. Sie schmeckten es im Wasser, das ihnen entgegenströmte. Denn das Wasser war weniger salzig.

„Und nun?“, fragte der Kofferfisch gespannt. „Wie kommen wir weiter?“

„Es gibt nur eine Möglichkeit“, sagte der Doktorfisch ernst. „Von jetzt an muss einer von uns den ganzen Weg über weinen. Tränen sind salzig, und wenn die Tränen sich mit dem Flusswasser mischen, haben wir genug Salz, um darin zu schwimmen.“

Der Kofferfisch dachte darüber nach. „Okay", sagte er dann, „und wer von uns ist der, der weint?"

„Du."

„Ich bin aber gar nicht traurig."

„Ich werde dir traurige Geschichten erzählen", sagte der Doktorfisch.

Sie schwammen los, so dicht beieinander wie möglich.

„Also …", sagte der Doktorfisch und fing an zu erzählen.

Seine erste Geschichte handelte von einer Krakenfamilie, die Raclette aß und sich dabei total verknotete. Irgendwann konnte sich niemand mehr bewegen, und am Ende musste der Sägefisch kommen und alle – ritzeratze – auseinandersägen.

„Oh, wie schrecklich!", rief der Kofferfisch und fing sofort zu weinen an. Das Wasser um sie herum wurde salzig, und so erreichten sie das Flussbett.

Nun erzählte der Doktorfisch eine Geschichte von zwei Krabben und einem Laternenfisch, die sterben mussten, weil sie von einem Zackenbarsch verschluckt wurden, der von einem Mondfisch verschluckt wurde, der von einem Wal verschluckt wurde.

„Die Armen", schluchzte der Kofferfisch und weinte weiter, während der Fluss eine Biegung machte und sie stromaufwärts schwammen.

In der nächsten Geschichte ging es um einen Hai, der Geburtstag feierte, nur um alle seine Geburtstagsgäste aufzufressen. Einen nach dem anderen.

„Wie furchtbar", jammerte der vom Weinen schon ganz erschöpfte Kofferfisch und musste noch mehr weinen, während sie eine weitere Biegung des Flusses hinaufschwammen.

Als der Doktorfisch gerade mit einer neuen traurigen Geschichte beginnen wollte, sagte der Kofferfisch: „Ich kann nicht mehr. Ich hab so viel geweint, dass all meine Tränen aufgebraucht sind."

„Wir sind aber noch nicht da. Du musst weiter weinen, sonst geht es der Forelle schlecht. Vielleicht muss sie sogar sterben“, sagte der Doktorfisch streng. „Das ist dann deine Schuld!“
„Oh nein“, heulte der Kofferfisch, und wieder schossen Tränen aus seinen Augen. So kamen sie um noch eine Flussbiegung, und – nun sahen sie die Forelle! Sie war ganz blass und dünn.
„Ihr seid ja doch gekommen!“, rief sie mit schwacher Stimme. „Oh, ihr Helden!“ Sie war so erleichtert und gerührt, dass sie sofort zu weinen anfing. – Zum Glück, denn dadurch löste sie den kleinen Kofferfisch ab, der jetzt wirklich nicht mehr konnte.
So schnell wie möglich untersuchte der Doktorfisch die Forelle, maß Fieber, gab ihr einen Becher Seetangsaft mit fünf Korallentabletten und machte ihr einen Flossenwickel.
„Du musst viel trinken“, sagte er, „dann geht es dir bald wieder besser.“
„Wirklich?“ Die Forelle wischte sich die Tränen weg und strahlte.
„Schnell!“, rief der Doktorfisch aufgeregt. „Kofferfisch, jetzt musst du mir etwas Trauriges erzählen, sonst kommen wir nicht zurück!“
„Ich?“
„Ja, du! Denk dir irgendwas aus, aber beeil dich.“
„Also“, begann der Kofferfisch, während die Forelle ihren Rettern dankbar hinterherwinkte, „es gab einmal einen Fisch, der war ganz klein und hatte eine ziemlich merkwürdige Form. Er hatte keine Mutter und keinen Vater und keine Geschwister und war ganz allein im großen Ozean.“
Dem Doktorfisch kamen die Tränen.

„Er hatte überhaupt keine Freunde“, fuhr der Kofferfisch fort, „und überall, wo er hinkam, wurde er gehänselt und fortgeschickt. Keiner wollte mit ihm spielen oder irgendetwas mit ihm zu tun haben. Der kleine Fisch wusste nicht, was er tun sollte, und eines Tages beschloss er deshalb, einfach davonzuschwimmen an einen Ort, wo nichts ist außer Wasser und Einsamkeit.“

Der Kofferfisch hörte auf zu erzählen, denn sie hatten das Meer wieder erreicht. Flussabwärts war es viel schneller gegangen.

Doch die Tränen des Doktorfisches flossen noch immer. „Der arme kleine Fisch“, schluchzte er, nahm seine Brille ab und rieb sich die Augen. „Wie traurig.“

„Hey, du brauchst nicht mehr zu weinen“, sagte der Kofferfisch und stupste den Doktorfisch in die Seite. „Ich bin doch jetzt nicht mehr allein.“

Ein Pflaster für den Zackenbarsch

„Heute sind alle gesund", sagte der Kofferfisch an einem schönen kühlen Morgen, als sich noch kein Patient hatte blicken lassen. Er schaute aus dem leeren Wartezimmer, das sich unter einer Buschkoralle befand, nach draußen, wo die Fische hin und her schwammen wie in einem Aquarium.

Der Doktorfisch sagte nichts, denn er genoss die Stille und den Morgen.

„Oder so krank, dass sie es nicht mehr bis zu uns schaffen", fuhr der Kofferfisch mit seiner Überlegung fort. „Sollen wir mal nachschauen?"

„Schwimm ein bisschen herum, wenn du dich langweilst", sagte der Doktorfisch.

Also schwamm der Kofferfisch, der sich tatsächlich langweilte, ein bisschen herum. Und der Doktorfisch fuhr damit fort, den Morgen zu genießen.

So ging es eine Weile, dann kam der Zackenbarsch angeschwommen.

„Guten Tag", sagte er, „ich hätte gerne eine schöne Krankheit. Irgendetwas mit Punkten oder so."

„Wie bitte?", fragte der Doktorfisch.

„Ich habe gehört, Masern sollen recht hübsch sein. Ein bisschen Rot würde mir sicher gut stehen, denke ich."

„Ich fürchte, da kann ich dir nicht helfen", sagte der Doktorfisch.

„Aber wieso? Du kennst dich doch aus mit Krankheiten“, erwiderte der Zackenbarsch. „Erkältung fände ich zum Beispiel auch interessant. Dann könnte ich riesige Blasen aushusten, so groß wie Medizinbälle!“ Der Zackenbarsch schaute den Doktorfisch erwartungsvoll an. „Oder Fieber! Richtig hohes Fieber, das mich ganz heiß macht. Fieber, das das Wasser zum Kochen bringt, bis es rechts und links von mir zu blubbern anfängt!“

„Tut mir leid“, sagte der Doktorfisch, „ich kann Krankheiten behandeln, aber ich kann keine machen.“

„Ich dachte, du bist Arzt“, sagte der Zackenbarsch enttäuscht. „Hast du denn gar nichts drauf? Nicht mal Warzen? Oder Flossenpilz?“

Der Doktorfisch schüttelte den Kopf.

„Schluckauf?“

„Nein!“

Der Zackenbarsch dachte einen Moment nach. „Dann will ich wenigstens einen Verband“, sagte er schließlich. „So einen, wo nur noch meine Zacken und die Augen rausgucken. Das wäre auch nicht schlecht, dann könnte ich alle erschrecken!“ Er verdrehte die Augen und paddelte mit steifen Flossen umher wie eine Fischmumie.

„Vielleicht habe ich was für dich“, sagte der Doktorfisch.

Er winkte dem Kofferfisch, der sofort angeschwommen kam und sein Maul öffnete. Der Doktorfisch griff hinein und holte ein großes rosa Pflaster hervor.

„Wie wunderschön!“, rief der Zackenbarsch begeistert. „Für mich?“

„Ja“, sagte der Doktorfisch, „für dich ganz allein. Halt mal einen Moment still!“ Zusammen mit dem Kofferfisch nahm er das Pflaster und klebte es dem Barsch quer über sein Maul.

„Sieht wirklich toll aus“, bemerkte der Kofferfisch, als sie fertig waren.

„Hmmbmh", sagte der Zackenbarsch.
„Nichts zu danken", erwiderte der Doktorfisch. „Gute Besserung!"
Sie reichten sich zum Abschied die Flossen, und der Zackenbarsch schwamm zufrieden davon.
„Mndlich kwnk", freute er sich.

DER GEBROCHENE TENTAKEL

Eines Morgens, als der Doktorfisch gerade das Schild mit der Aufschrift „Geöffnet" vor seine Arztpraxis gehängt hatte, bemerkte er ein Tier, das er noch nie zuvor gesehen hatte. Es sah aus wie ein riesiger Tausendfüßler. Der Doktorfisch nahm seine Brille ab, putzte die Gläser und setzte sie sich wieder auf die Nase. Nun erkannte er das seltsame Tier: Es war der Krakenvater, getragen von seinen acht Kindern. Der Krake machte ein schmerzverzerrtes Gesicht, rief „Au!" und „Vorsichtig!", während die Kinder unter der schweren Last keuchend hin und her wankten. Als sie es endlich bis zum Doktorfisch geschafft hatten, ließen sie los, und der Krake fiel wie ein Sack zu Boden.
„Autsch", heulte er auf.
„Was ist passiert?", fragte der Doktorfisch.
„Papa hat sich einen Tentakel gebrochen und kann nicht mehr laufen", sagte Kind Nummer eins.
„Am besten, er erzählt es selbst", sagte Nummer sieben.
Mühsam begann der Krake, der noch immer auf dem Boden lag, zu sprechen. „Es war so: Ich wachte heute Morgen auf und wollte aufstehen. Also schlug ich die Decke beiseite. Da sah ich meine acht Tentakel auf der Matratze liegen, und ich wusste nicht, mit welchem ich zuerst aufstehen sollte. Mit dem ganz linken, dem zweiten von links, dem dritten von links, dem linken mittleren, dem rechten mittleren, dem dritten von rechts, dem zweiten von rechts oder dem ganz rechten.

Da ich mich nicht entscheiden konnte, dachte ich, ein Abzählreim wäre die Lösung. Mir fiel bloß keiner ein. Deshalb entschied ich mich, einfach bis acht zu zählen und dann mit dem Tentakel aufzustehen, der sich zuerst bewegt. – Gute Idee, nicht wahr? – Ich zählte also: eins, zwei, drei, vier, fünf, sechs, sieben, acht! Doch bei acht schwangen alle Tentakel gleichzeitig zur Seite, ich machte eine Luftrolle, flog aus dem Bett und knallte auf den harten Fußboden."

„Tat das weh?", fragte der Kofferfisch.

„Ja, sehr", jammerte der Krake. „Ich hab mir einen Tentakel gebrochen!"

„Welchen denn?", fragte der Kofferfisch weiter. „Den ganz linken, den zweiten von links, den dritten von links, den linken mittleren, den rechten mittleren, den dritten von rechts, den zweiten von rechts oder den ganz rechten?"

„Äh, ich weiß nicht genau. Vielleicht sind auch alle gebrochen.
Was sagst du, Doktorfisch, müssen wir operieren? Oder reicht ein Gipsverband?"

Der Doktorfisch hob mit seiner Flosse einen der Tentakel hoch und bewegte ihn hin und her. Er war weich wie Wackelpudding. „Nein", sagte er dann. „Wir müssen nicht operieren. Du hast nämlich gar keine Knochen."

„Nicht?"

Der Doktorfisch schüttelte den Kopf.

„Gar keine? Nicht mal Gräten oder so was?"

„Tut mir leid."

„Bist du sicher?"

Der Doktorfisch nickte.

„Dann ist also gar nichts gebrochen?"

Der Doktorfisch schüttelte den Kopf.

Der Krake blieb für einen Moment stumm und überlegte. Dann sprang er auf, rief „Juhu!“ und hüpfte wild durch die Gegend. „Das ist ja fantastisch! Schaut her, Kinder, ich kann wieder laufen!“ Der Krake war so begeistert, dass er ein paar Schritte Salsa, eine Pirouette und mehrere Meter Moonwalk vortanzte.

„Was? Wir haben dich hierhergeschleppt, obwohl du gar nichts hattest?“, beschwerten sich die Kinder eins, zwei, drei, vier, fünf, sechs, sieben und acht im Chor.

„Kein Problem“, sagte der Krake. „Ihr habt mich hierhergetragen, und dafür trage ich jetzt euch nach Hause.“ Er setzte sich zwei Kinder auf den Kopf, schnappte sich die übrigen sechs mit je einem Tentakel und machte sich auf den Weg.

„Vielen Dank, Doktorfisch“, rief er zum Abschied. „Du bist ein toller Arzt!“

WELTUNTERGANG

Der Einsiedlerkrebs, der normalerweise sehr zurückgezogen lebte, lief eines Tages mit einem großen Schild über den Meeresgrund. Er hatte es selbst gemalt, und es stand darauf in großen Buchstaben:

Wortlos und mit ernster Miene schritt der Einsiedlerkrebs daher und hielt sein Schild in die Höhe.

Die Ersten, die ihn bemerkten, waren der Kugelfisch und das Seepferdchen.

„Ach, du meine Güte“, sagte der Kugelfisch, als er zu Ende gelesen hatte, „das hört sich ja gar nicht gut an!“

„Nein, wie furchtbar“, quiekte das Seepferdchen.

Da Neuigkeiten sich besonders schnell verbreiteten, wenn der Kugelfisch und das Seepferdchen sie erfuhren, dauerte es nicht lange, und um den Einsiedlerkrebs herum hatte sich eine ganze Gruppe von Tieren versammelt. Der Laternenfisch, die Strandkrabben, der Butt, der Zackenbarsch, der Seestern und auch der Doktorfisch und der Kofferfisch.

„Die Welt wird untergehen? – Woher willst du das denn wissen?“, brummte der alte Butt.

Der Einsiedlerkrebs war auf diese Frage vorbereitet. Er hob beschwörend die Arme in die Höhe und rief mit singender Stimme: „Ich weiß es, weil ich es weiß. Ich sehe es in den Schatten der Wellen. Ich höre es im Gesang der Wale. Ich schmecke es im Salz des Wassers. Ich spüre es im Sog der Strömung. Die Zeichen sind eindeutig. Das Ende naht!“

„Und was sollen wir tun, großer weiser Einsiedlerkrebs?", rief das Seepferdchen. „Sag es uns!"

„Ihr könnt nichts tun. Geht in eure Höhlen, verkriecht euch im Seegras, verschließt eure Muscheln, buddelt euch …" – Der Einsiedlerkrebs verstummte mitten im Satz, seine Augen weiteten sich, und er verschwand im Nu in seinem Schneckenhaus.

„Was hat er denn?", fragte der Kugelfisch.

„Ja, wieso hört er einfach auf zu sprechen?", rief der Seestern.

Doch dann bemerkten auch sie es: Der Hai war gekommen! Er hatte die allgemeine Aufregung genutzt, um unbemerkt heranzuschwimmen.

„Hab ich richtig gehört?", sagte er mit seiner knarrenden Stimme. „Die Welt geht unter? Was für ein Glück, dass ich gerade vorbeikomme! Ich hab eine super Idee, wie ich euch vor dem Weltuntergang retten kann."

„Indem du uns vorher alle auffrisst?", fragte das Seepferdchen mit zitternder Stimme.

„Richtig geraten! Genau!", rief der Hai und riss sein Maul mit den vielen Zähnen auf.

Wie der Blitz zischte der Kugelfisch unter die Äste einer Koralle, das Seepferdchen verschwand eilig im dichten Seegras, der Butt verbuddelte sich, der Seestern glitt unter eine Muschelschale, der Zackenbarsch versteckte sich hinter einem großen Stein, der Laternenfisch versteckte sich hinter dem Zackenbarsch, und die Strandkrabben versteckten sich hinter dem Laternenfisch.

„Was haben die denn alle?", fragte der Hai enttäuscht. „Das war doch ein super Angebot." Er wandte sich dem Doktorfisch und dem Kofferfisch zu, die als Einzige dageblieben waren. „Was ist mit euch beiden?"

„Ich bin zu klein, um von dir gefressen zu werden", antwortete der Kofferfisch und winkte ab. „Das weißt du doch."

„Und du?" Der Hai zeigte auf den Doktorfisch.
„Ich bin Arzt", sagte der Doktorfisch. „Man frisst keine Ärzte. Das ist nicht klug."
„Wieso?"
„Na ja, wenn du mich auffrisst und dann zum Beispiel Bauchschmerzen bekommst, hast du keinen, der dich untersuchen kann."
„Ich habe aber jetzt schon Bauchschmerzen", stöhnte der Hai. „Und zwar vor Hunger!"
„Meinst du? Lass mich mal sehen", sagte der Doktorfisch. Er nahm seine Brille ab und setzte sie wieder auf. Dann schwamm er unter den Hai, um dessen Bauch zu betasten.
„Tut es hier weh?"
„Nein."
„Und hier?"
„Auch nicht."
„Hm."
Der Doktorfisch kam wieder zurückgeschwommen.

„Es ist ganz eindeutig", sagte er dann. „Was dir fehlt, ist Bewegung. Schwimmen ist gut. Schwimm ein bisschen durch die Gegend. Zehn oder zwanzig Kilometer reichen schon. Dann geht es dir gleich besser."
„Wirklich?"
„Klar, ich mach das auch manchmal", sagte der Kofferfisch.
„Danke", sagte der Hai, „vielen Dank!", und machte sich auf den Weg.
„Gut untersucht", sagte der Kofferfisch anerkennend, als der Hai in der Ferne kaum noch zu sehen war. „Den sind wir los."
Er formte seine Flossen zu einem Trichter und rief, so laut er konnte:
„Ihr braucht euch nicht mehr zu verstecken! Der Hai ist weg!"

Erleichtert kamen nach und nach alle wieder zum Vorschein – bis auf den Einsiedlerkrebs, der immer noch in seinem Schneckenhaus hockte.
„Und was ist jetzt mit dem Weltuntergang?", fragte das Seepferdchen in die Runde.
„Wir sind doch schon unter Wasser!", rief der Kofferfisch. „Wie soll die Welt da noch untergehen?"
„Stimmt", sagte der Zackenbarsch, nachdem er sich umgeschaut hatte, „hier ist überall Wasser."
„Dann müssen wir uns gar nicht fürchten?", freuten sich die Strandkrabben.
„Natürlich nicht", brummte der Butt, als wäre ihm alles längst klargewesen.
Das Seepferdchen schwamm zum Schneckenhaus des Einsiedlerkrebses und klopfte ein paarmal aufs Dach. „Kannst rauskommen", sagte es. „Die Welt ist schon längst untergegangen."
Alle waren bester Dinge, schwammen, krabbelten oder krochen munter hin und her und gingen ihren üblichen Geschäften nach.
Nur der Einsiedlerkrebs blieb in seinem Schneckenhaus und rührte sich nicht. Erst abends, als alle weg waren, kam er ganz vorsichtig, Fühler für Fühler, wieder zum Vorschein. Er nahm sein Schild und zog sich in einen dunklen Winkel zurück.
Am nächsten Tag sah man ihn dann mit einem neuen Schild über den Meeresboden spazieren.

SCHÖN, EIN FISCH ZU SEIN

„Findest du es schön, ein Fisch zu sein?“, fragte der Kofferfisch eines Nachts, als er nicht schlafen konnte.
„Da habe ich noch nicht drüber nachgedacht“, sagte der Doktorfisch müde.
„Dann denk doch mal drüber nach“, schlug der Kofferfisch vor.
„Mitten in der Nacht?“
„Klar“, sagte der Kofferfisch. „Das ist die beste Zeit.“
Der Doktorfisch gähnte und kratzte sich an der Nase. „Es hat viele Vorteile, ein Fisch zu sein. Man muss sich zum Beispiel nicht waschen.“
„Das ist wahr“, stimmte der Kofferfisch zu.
„Und kämmen“, sagte der Doktorfisch, „muss man sich auch nicht.“
„Stimmt.“
„Oder rasieren. Außerdem schwitzt man nicht.“
„Du hast recht.“
„Es ist schön kühl, es gibt viel zu essen und immer etwas zu trinken“, schloss der Doktorfisch zufrieden.
„Ja, es ist wirklich nicht schlecht, ein Fisch zu sein“, sagte der Kofferfisch.
„Obwohl …“
„Obwohl was?“
„Obwohl …“, fuhr der Kofferfisch fort, „… es gibt auch einen Nachteil: Im Meer wachsen keine Erdbeeren.“
„Erdbeeren? Was sind Erdbeeren?“

„Ich weiß auch nicht. Aber der Seestern sagt, der Mondfisch hätte gesagt, eine Möwe hätte erzählt, Erdbeeren wären lecker. Und sie wachsen an Land.“
„Soso“, sagte der Doktorfisch wenig beeindruckt. „Wenn das der einzige Nachteil ist, komme ich damit klar, glaube ich.“
„Es gibt aber noch einen. Man kann nicht am Strand sitzen und aufs Meer schauen.“
„Was sollte toll daran sein, am Strand zu sitzen und aufs Meer zu schauen?“
„Man könnte träumen. Und man könnte sich etwas Schönes vorstellen.“
Der Doktorfisch überlegte. „Man könnte am Strand sitzen und träumen, dass man ein Fisch im Wasser wäre.“
„Ja, das wäre schön“, stimmte der Kofferfisch zu. „Und dabei könnte man Erdbeeren essen.“

UNTER WASSER UNTERWEGS

„Heute mache ich einen Ausflug!“, beschloss das Seepferdchen.
„Warum? Ist doch schön hier“, wunderte sich der Kugelfisch.
„Aber ich bin ein Seepferdchen! Ab und zu muss ich durch die Gegend galoppieren. Das ist bei mir normal.“
„Ach so. Und wohin galoppierst du?“
„Das weiß ich doch jetzt noch nicht! Die Welt ist groß, und ich bin ein wildes Pferdchen.“ Und mit diesen Worten machte sich das Seepferdchen auf den Weg. Der Kugelfisch schaute ihm hinterher und sagte: „Bis später.“
Gemütlich zuckelte das Seepferdchen über die Seegraswiese und an der Krakenhöhle vorbei und rechts herum um die große Koralle bis zur Praxis des Doktorfisches. Dann weiter bis zum Stein mit den Seeanemonen, ein Stückchen nach links und wieder geradeaus.
Das Seepferdchen fühlte sich frei und abenteuerlustig. „Alles ist so schön frisch und blau hier“, dachte es. „Toll, dieser Ozean!“
Es schwamm noch ein bisschen weiter, immer der Nase nach, schloss die Augen und pfiff sich ein Liedchen. Dann machte es eine Pause und schaute sich um. Überall war Wasser.
„Vielleicht kehre ich jetzt um“, dachte es. „Ich bin ja schon lange unterwegs.“ Doch als das Seepferdchen zurückschwimmen wollte, stellte es fest, dass es gar nicht wusste, in welcher Richtung „zurück“ war.

„Da lang oder da lang oder da lang“, überlegte es.
„Am besten, ich frage jemanden …“
Eine Qualle kam vorbei.
„He, du“, rief das Seepferdchen, „ich hab mich vergaloppiert. Weißt du, wo es nach Hause geht?“
„Nach Hause? Keine Ahnung. Lass dich einfach treiben, dann kommst du schon irgendwo an“, riet die Qualle.
„Ich will aber nicht irgendwohin, sondern nach Hause“, erwiderte das Seepferdchen.
„Wozu? Ich will nirgendwohin, und deshalb kann ich mich nie verschwimmen. Ganz einfach!“ Die Qualle schwebte vorbei und verschwand in den Tiefen des Meeres.
Das Seepferdchen war wieder allein – aber nicht sehr lange, denn plötzlich schoss der Hai heran. „Ahoi“, grüßte er gut gelaunt. „Ich höre, du hast dich verschwommen? Das tut mir aber leid.“
„Wirklich?“
„Ja. Doch ich habe eine gute Idee: Ich fress dich auf und schwimm dann mit dir im Bauch, wohin du willst.“
„Nein, danke“, sagte das Seepferdchen. „Kein Interesse.“
„Na, dann kann ich dir auch nicht helfen.“
Beleidigt schwamm der Hai davon und ließ das Seepferdchen allein zurück.

Es schwamm ein Stückchen weiter, und allmählich wurde es dunkler. „Das wird der Abend sein", dachte das Seepferdchen.
Doch es war nicht der Abend, sondern der Wal, der so groß war, dass sein Schatten alles verdunkelte.
„Ach, Wal, weißt du vielleicht, wie ich wieder nach Hause finde?"
„Oh, äh, nein", brummte der Wal, „das weiß ich nicht. Ich verschwimme mich auch ständig. Aber komm doch mit mir mit! Wenn zwei nicht wissen, wo sie sind, ist es schon mal besser, als wenn einer allein nicht weiß, wo er ist."
„Stimmt", sagte das Seepferdchen und folgte dem Wal. Doch der Wal war viel zu schnell. Das Seepferdchen konnte nicht mithalten – selbst wenn es so schnell schwamm, wie es konnte. Wieder blieb es allein zurück.
„Wenn man so klein ist wie ich, ist das Meer ganz schön groß", dachte das Seepferdchen. Es war erschöpft, und alles tat ihm weh. Der Kopf, der Bauch, die Flossen und sein Ringelschwanz. „Was mache ich nur?", jammerte es.
„Machen? Wieso denn immer was machen?", meldete sich eine Stimme. Das Seepferdchen schaute nach unten und sah eine Muschel auf dem Grund liegen. Sie war einen winzigen Spalt weit aufgeklappt.
„Mach doch einfach gar nichts! Ich mach nämlich auch immer gar nichts. Das macht Spaß! Einfach nur so rumliegen und nichts machen, das ist das Beste. Guck mal!"
„Gucken? Was soll ich gucken? Ich seh nichts."
„Siehst du! Ich mach ja auch nichts."

„Weißt du, wie ich nach Hause komme?", fragte das Seepferdchen.
„Nach Hause?", wunderte sich die Muschel. „Du bist doch zu Hause."
„Hier?"
„Klar! Hier, dieser Sand, diese Steinchen, dieses Wasser. Das ist Zuhause."
Das Seepferdchen zog die Stirn in Falten. „Das ist *dein* Zuhause, aber nicht *meins*!"
„Du glaubst, es gibt mehrere?"
„Ja, alle haben eins. Nur weiß ich nicht mehr, wo meines ist."
„Wie schrecklich", rief die Muschel entsetzt. „Das liegt nur an diesen Flossen! Ein Glück, dass ich keine habe und mich nie wegbewege!"
Damit klappte sich die Muschel zu und schwieg für den Rest der Woche.
„Auf Wiedersehen", sagte das Seepferdchen. Es schwamm weiter, und nun wurde es wieder dunkel.
„Ach, hallo Wal!", rief es. „Wie schön, dass du zurückkommst!" – Doch es war nicht der Wal, der kam. Dieses Mal war es tatsächlich der Abend.
Schon bald war es so dunkel, dass das Seepferdchen gar nichts mehr sehen konnte.

„Na ja, macht nichts, ich weiß ja sowieso nicht, wo ich bin", dachte es sich und schwamm immer weiter, bis es mitten in der Nacht mit einem anderen Fisch zusammenstieß.
„Entschuldigung", sagte das Seepferdchen. „Ich hab dich nicht gesehen. Ich bin das Seepferdchen. Und wer bist du?"

„Ich weiß nicht", sagte der Fisch im Dunkeln zögernd. „Niemand hat mich bislang entdeckt. Ich habe deshalb noch keinen Namen."
„Dann gebe ich dir einen. Wie wäre es mit Nachtfisch?", schlug das Seepferdchen vor.
„*Nackt*fisch?"
„Nein, *Nacht*fisch. So wie Tagfisch, nur andersrum."
„Ja, das ist ein schöner Name. Danke!", sagte der Nachtfisch.
„Weißt du zufällig, wie ich zurück nach Hause komme?", fragte das Seepferdchen.
„Nein, tut mir leid. Aber warum schwimmst du denn auch durch die Dunkelheit? Schlaf doch lieber. Dann kannst du von zu Hause *träumen*. Träumen ist manchmal viel besser, als wirklich irgendwo zu sein."
„Na gut", sagte das Seepferdchen, das mit einem Mal merkte, wie unendlich müde es war. Es klammerte sich mit seinem Ringelschwänzchen an einem Seegrashalm fest, sagte dem Nachtfisch „Gute Nacht" und schloss die Augen. Dann schlief es ein und träumte. Und in seinem Traum war das Seepferdchen tatsächlich wieder glücklich zu Hause.
Am nächsten Morgen, als es erwachte, war der Nachtfisch verschwunden.
„Schade", dachte das Seepferdchen, „aber ein Nachtfisch ist eben ein Nachtfisch und kein Tagfisch."
Es ließ den Seegrashalm los und schwamm mit frischem Mut los, da kam erneut ein Fisch daher – und leider war es wieder der Hai!
„Guten Morgen", sagte er. „Hast du Lust zu frühstücken?"
„Was gibt es denn?"
„Dich!"
„Nein, danke", sagte das Seepferdchen. „Keinen Appetit."
„Ich fress dich aber trotzdem. Mir ist nämlich eingefallen, dass ich dich

gar nicht fragen muss. Ich bin schließlich ein Hai. Und Haie fressen Fische einfach so."

„Einfach so, ohne zu fragen?"

„Genau." Der Hai öffnete sein Maul mit den vielen Zähnen. „Möchtest du noch irgendetwas sagen?"

„Ja. Ich bin gar kein Fisch, sondern ein Pferd. Ein Seepferd. Und Haie fressen ja wohl keine Pferde."

„Äh, ach so?" Der Hai kratzte sich am Kopf. Und während er noch über Pferde und Fische nachdachte, schwamm das Seepferdchen schnell davon. Wieder war es allein im großen Meer.

„Ich bin jetzt schon einen Tag und eine Nacht lang unterwegs", dachte es. „Vielleicht finde ich ja nie zurück." Und ein kleiner Schauer lief ihm dabei den Rücken hinab bis hinunter in sein Ringelschwänzchen.

„Suchst du etwa immer noch dein Zuhause?"

Die Stimme kam dem Seepferdchen bekannt vor. Es blickte auf und sah die Qualle, die gemächlich durchs Wasser glitt.

„Ja, leider", sagte das Seepferdchen. „Aber ich glaube, ich gebe auf. Es hat einfach keinen Sinn, in diesem Ozean. Da mach ich es lieber so wie du."

„Das ist eine weise Entscheidung", sagte die Qualle.

Das Seepferdchen hörte auf, Flossen und Schwanz zu bewegen. Es ließ sich wie die Qualle einfach treiben. Langsam trug die Strömung des Meeres die beiden mit sich fort. Das Seepferdchen schloss die Augen.

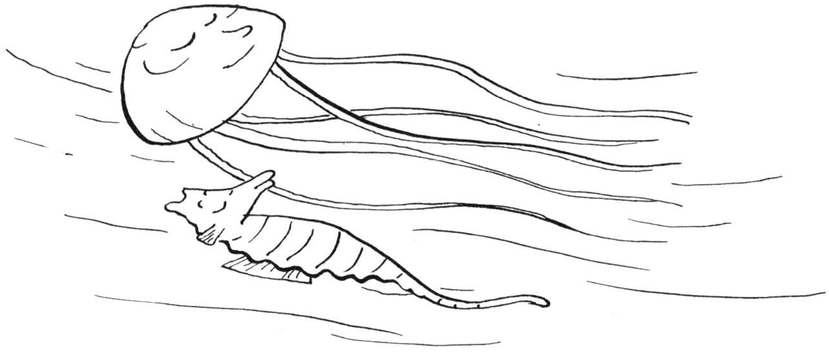

Nach einer Weile fragte die Qualle: „Was hast du eigentlich seit gestern erlebt?"
„Oh", sagte das Seepferdchen, „ich habe eine ganze Menge merkwürdiger Tiere getroffen."
„Ja, das Meer ist voll von merkwürdigen Tieren, nicht wahr? Schau dir zum Beispiel dich an – oder mich. Oder die zwei dort drüben. Einer hat ein blaues Kreuz auf der Seite und der andere eine Brille auf der Nase."
Das Seepferdchen riss die Augen auf. „Doktorfisch! Kofferfisch! Juhu!", schrie es, „Wo kommt ihr denn her?"

„Wir haben uns Sorgen gemacht und dich gesucht", sagte der Doktorfisch.
„Wir dachten, du bräuchtest vielleicht einen Arzt", ergänzte der Kofferfisch.
„Wieso einen Arzt?"
„Weil man Heimweh bekommt, wenn man zu lange fort ist."
„Das stimmt", sagte das glückliche Seepferdchen. „Aber nun bin ich wieder gesund!" Und es winkte der Qualle zum Abschied.

BLASENWETTKAMPF

„Hey, guckt mal, was ich kann“, rief der Kofferfisch aufgeregt. Er blies die Backen auf, bis er einen roten Kopf bekam. Dann machte es „blubb“, und eine kleine schimmernde Blase stieg lautlos in Richtung Wasseroberfläche.

„Nicht schlecht“, sagte das Seepferdchen, „aber das kann ich auch!“

Es formte mit dem Mund einen Kreis und stieß ebenfalls eine Blase aus. Sie war ein bisschen größer als die des Kofferfisches.

„Pah“, sagte der Kugelfisch. „Das sind keine *Blasen*, sondern *Bläschen*. Schaut mal her!“ Er blähte sich auf, wurde noch runder, als er ohnehin schon war, und pustete dann eine Blase aus, die um einiges größer war als die des Seepferdchens.

„Was gibt's denn hier? Blasenwettkampf?“, fragte der Zackenbarsch, der um die Ecke geschwommen kam. „Lasst mich mal!“

Er spitzte die Lippen, und eine Blase so groß wie der ganze Kugelfisch stieg in die Höhe. Die anderen schauten ihr staunend hinterher.

„Das ist eine Blase, ihr Anfänger!“, rief der Zackenbarsch triumphierend. Doch dann kam der Mondfisch.
„Es tut mir leid, lieber Zackenbarsch“, sagte er, „aber besonders groß war die nicht gerade. Jedenfalls nicht im Vergleich zu dieser hier.“ Und damit blies auch er eine Blase aus. Sie war rund wie ein „O“ und doppelt so groß wie die Zackenbarschblase.
„Toll!“, staunte das Seepferdchen.
„Na gut“, räumte der Zackenbarsch zerknirscht ein, „du hast gewonnen.“
Der Mondfisch lächelte zufrieden.
Schon wollten alle davonschwimmen, da näherte sich etwas Großes, Dunkles mit einer sehr tiefen Stimme. Es war der Wal. „Niemand gewinnt einen Blasenwettkampf mit einer so winzigen Blase wie deiner. Der Sieger bin natürlich ich.“
Der Wal öffnete sein gewaltiges Maul und begann, eine Blase auszustoßen. Sie wurde größer und größer und dann noch größer. Eine Riesenblase! Schließlich rauschte sie an die Wasseroberfläche und sorgte dort für einen gewaltigen Platsch.
Alle mussten zugeben, dass die Blase des Wals die mit Abstand größte war.
„Es ist ungerecht“, beschwerte sich der Kofferfisch, als er später am Tag mit dem Doktorfisch durch die Gegend schwamm. „Immer gewinnen die großen Fische im Blasenwettkampf.“
„Ist doch egal, wer die größten Blasen blubbert“, sagte der Doktorfisch.
„Dir vielleicht, aber mir nicht!“

„Du möchtest also auch große Blasen machen?“
„Ja, aber ich bin einfach zu klein“, jammerte der Kofferfisch.
Der Doktorfisch rieb sich mit der Flosse an der Nase, denn er überlegte.
„Vielleicht lässt sich trotzdem etwas machen.“
„Du meinst, du kannst mir helfen?“
„Na klar! Ich bin doch Arzt.“
Der Doktorfisch schwamm ein wenig umher, und der Kofferfisch folgte ihm neugierig.
„Wir brauchen einen Becher!“
Der Kofferfisch, der immer alles dabeihatte, öffnete sein Maul und zog einen großen weißen Becher heraus. Der Doktorfisch hatte unterdessen ein altes braunes Stück Seetang aus dem Wasser geangelt und tat es hinein.
Dann pflückte er ein paar schleimige Glibberalgen und einige verwelkte Seegrashalme und stopfte sie ebenfalls in den Becher.
„Was willst du mit all dem ekligen Zeug?“, fragte der Kofferfisch.
„Löffel!“, sagte der Doktorfisch.
Der Kofferfisch öffnete den Mund und holte einen Löffel heraus.
Der Doktorfisch nahm ihn und rührte das Tang-Algen-Seegras-Gemisch ein paarmal kräftig durch.
„Igitt!“ Der Kofferfisch schüttelte sich.
„Trinken!“, befahl der Doktorfisch.
„Diese Brühe?“
„Das ist Medizin!“
„Medizin?“
„Blubberblasenmedizin!“
„Und die wirkt?“
„Meine Medizin wirkt immer!“

„Wehe, wenn nicht", sagte der Kofferfisch und würgte den klebrigen Saft hinunter.
„Gut gemacht!", lobte der Doktorfisch. „Ruh dich jetzt ein wenig aus. Ich sage deinen Freunden Bescheid, dass du sie zu einem neuen Blasenwettkampf herausforderst."
Es dauerte eine Stunde, dann kam der Doktorfisch mit dem Seepferdchen, dem Kugelfisch, dem Zackenbarsch, dem Mondfisch und dem Wal zurück. Alle hatten Lust auf einen neuen Wettkampf – besonders der Wal.
„Okay, fang an", sagte der Zackenbarsch zum Kofferfisch.
Doch dem Kofferfisch ging es nicht gut. Die Medizin lag ihm schwer im Magen, und er war ganz blass. „Ich kann nicht", sagte er. „Ich muss erst mal aussetzen."
„Dann fang ich an", sagte das Seepferdchen und stieß eine Blase aus, die ganz genauso groß war wie seine letzte.
„Und jetzt ich", meldete sich der Kugelfisch. Er blähte sich auf und pustete eine schöne große Blase aus. Danach kam der Zackenbarsch an die Reihe und blies eine größere Blase aus, gefolgt vom Mondfisch, der eine noch größere ausblies. Dann jedoch kam der Wal, und er stieß erneut eine Riesenblase aus, so groß wie alle vorherigen Blasen zusammen.
„Wieder gewonnen!", stellte er zufrieden fest.
„Moment! Der Kofferfisch ist noch nicht dran gewesen. Er hat nur ausgesetzt", merkte der Doktorfisch an.
Alle schauten nun zum Kofferfisch, der sich mit beiden Flossen den Bauch hielt. Er war blass wie eine Qualle, und seine Kugelaugen quollen noch mehr hervor als sonst. Doch plötzlich machte der Kofferfisch eine Blase! Erst winzig klein, doch wurde sie immer größer. Sie wuchs

und wuchs und hörte gar nicht mehr auf zu wachsen. War so groß wie der Kugelfisch, so groß wie der Zackenbarsch, so groß wie der Mondfisch, so groß wie die Riesenblase des Wals und dann noch größer. Schließlich löste sie sich vom Kofferfisch und stieg majestätisch empor zur Wasseroberfläche, wo sie mit einem Riesenplatsch das Meer verließ. Alle hatten die Mäuler aufgesperrt und sahen dem Schauspiel ungläubig zu – auch der Kofferfisch selbst. Die Blase war ihm nämlich nicht vorne, sondern hinten rausgekommen.

„Pupse gelten nicht!", beschwerte sich der Wal.

„Blase ist Blase", sagte der Doktorfisch. „Ich würde sagen, klarer Sieg für den Kofferfisch!"

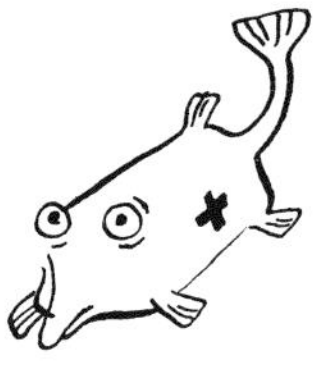

ZWEI PFLASTER FÜR DEN ZACKENBARSCH

Von allen Fischen, die er kannte, mochte der Zackenbarsch einen am liebsten. Es war ein ganz bestimmter Fisch – nämlich er selbst.
„Diese Flossen! Diese Schuppen! Diese Unterlippe!", schwärmte er. „Fantastisch! Diese Zacken – wie eine Krone auf meinem Haupt! Toll! Und dann noch der Name: Zackenbarsch! Nicht einfach nur *Barsch*, sondern *Zackenbarsch*! Wie gut das klingt! Irgendwie so zackig! Ich muss schon sagen: ein Spitzenname für einen Fisch!"

Es war ein herrlicher türkisblauer Morgen. Das Meer wogte ruhig und zufrieden vor sich hin. Die Praxis des Doktorfisches war geöffnet, aber niemand kam.
„Wer will auch schon krank sein, an einem so schönen Tag?", sagte der Kofferfisch.
Kaum hatte er dies gesagt, kam der Zackenbarsch herbei.
„Herrje", rief er, „mir geht es gar nicht gut."
„Klasse! Endlich haben wir einen Patienten", freute sich der Kofferfisch.
„Meine Augen schmerzen so sehr!"
„Dann brauchst du vielleicht eine Brille", sagte der Doktorfisch.
„Nein, nein, mit Brille wäre es ja noch schlimmer!"
„Warum?"

„Na, weil ich dann besser sehen könnte, ist doch klar!“ Der Zackenbarsch stöhnte. „Es ist nämlich so: Immer, wenn ich im Meer schwimme – und das tue ich regelmäßig – muss ich ständig und überall diese anderen Fische ansehen. “

„Welche anderen Fische?“

„Na, die anderen eben. All die, die nicht *ich* sind.“

„Aha“, sagte der Doktorfisch, „und? Was ist mit diesen anderen Fischen?“

„Oh, es ist schlimm, ganz schlimm! Sie sind entweder total klein oder sie sind viel zu groß. Manche sind super lang, als hätte man an ihnen gezogen. Andere wiederum sind schrecklich kurz, als ob ein Stück fehlte. Es gibt welche, die sind furchtbar blass und dann wieder welche, die sind viel zu bunt. Oder sie haben komische Formen – zu rund oder zu wabbelig oder krumm wie Angelhaken. Einige haben seltsame Stacheln, Fransen, Strähnen, Kämme, Buckel oder Knubbel. Und ihre Flossen sind entweder zu kurz oder zu lang oder zu dick oder zu dünn. Da tun einem vom Angucken doch die Augen weh!“

„Es soll auch welche geben, die aussehen wie ein Koffer, und sogar welche, die Brillen tragen“, ergänzte der Kofferfisch.

„Genau! Du hast recht!“, nickte der Zackenbarsch.

Der Doktorfisch und der Kofferfisch tauschten einen langen Blick aus.

„Armer Zackenbarsch“, sagte dann der Doktorfisch, „du hast es wirklich nicht leicht mit all diesen hässlichen Fischen um dich herum.“

„Und wie ungerecht“, fügte der Kofferfisch hinzu, „denn die anderen Fische dürfen ständig *dich* anschauen und sich an deiner unglaublichen Schönheit sattsehen.“

„Dann versteht ihr also, wie es mir geht und weshalb mir die Augen schmerzen?“, fragte der Zackenbarsch.

„Natürlich.“

„Und könnt ihr mir helfen?“
„Es gibt eine ganz einfache Heilmethode“, sagte der Doktorfisch und winkte den Kofferfisch zu sich. Der Kofferfisch öffnete sein Maul, und der Doktorfisch zog zwei große rosa Pflaster heraus. „Halt mal einen Moment lang still!“

Dann klebte der Doktorfisch ein Pflaster auf das linke und der Kofferfisch ein Pflaster auf das rechte Auge des Zackenbarsches.
„Na, siehst du noch irgendwas, das deinen Augen wehtut?“, fragte der Doktorfisch.
Der Zackenbarsch schüttelte den Kopf: „Nein, gar nichts.“
„Na, dann ist es doch perfekt!“, sagte der Kofferfisch.
„Ja, viel besser“, stimmte der Zackenbarsch zu. „Habt Dank für eure Hilfe. Einen schönen Tag noch. Auf Wiedersehen!“ Und er entschwand mit schnellen Flossenschlägen im türkisblauen Meer.
„Wiedersehen oder nicht wiedersehen“, sagte der Kofferfisch. „Das ist die Frage.“

DIE BESONDERS VERWICKELTE GESCHICHTE

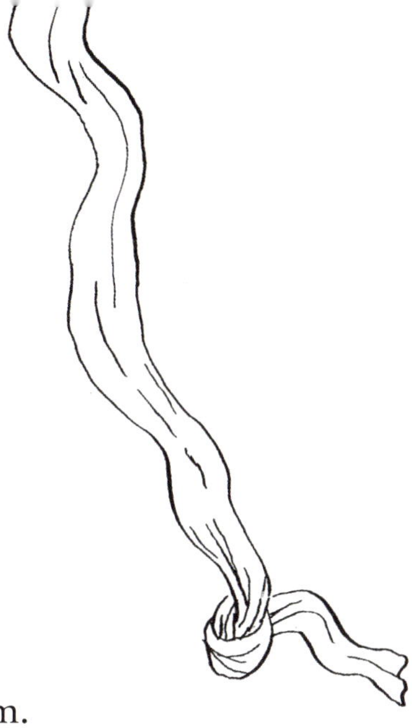

„Was ist passiert?“, fragte der Doktorfisch den Kugelfisch, der mit einer großen Beule am Kopf angeschwommen kam.

„Ich bin mit dem Zackenbarsch zusammengestoßen“, jammerte der Kugelfisch.

„Aua“, sagte der Kofferfisch mitfühlend.

„Du brauchst einen Verband“, entschied der Doktorfisch, zog eine Rolle aus dem Kofferfisch hervor und begann, den Kugelfisch zu verbinden, bis er aussah wie ein Fußball mit einem Auge und einer Flosse.

Währenddessen war das Seepferdchen hinzugekommen. Es hatte eine ebenso große Beulwe am Kopf wie der Kugelfisch und stöhnte: „Ich bin auch mit dem Zackenbarsch zusammengestoßen! Er hat mich einfach übersehen!“

„Vielleicht war es doch keine so gute Idee, dem Zackenbarsch Pflaster auf die Augen zu kleben“, sagte der Doktorfisch nachdenklich. „Pass auf! Du verbindest das Seepferdchen, während ich den Zackenbarsch suche und ihm die Pflaster wieder abnehme.“

„Kein Problem, Chef“, sagte der Kofferfisch.

Er nahm sich sofort einige weitere Binden und umwickelte das Seepferdchen so oft, bis es genauso dick und rund aussah wie der Kugelfisch und von ihm ebenfalls nur noch ein Auge und eine Flosse herausschauten.

„So, fertig. Morgen könnt ihr wiederkommen. Dann machen wir einen Verbandswechsel“, erklärte der Kofferfisch.

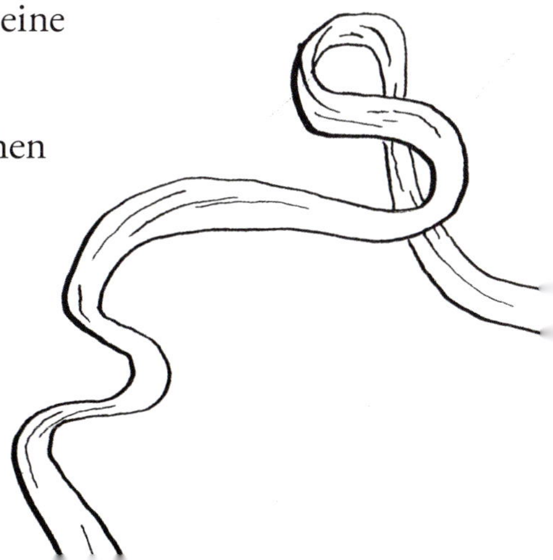

„Alles klar. Vielen Dank!“ Und das Seepferdchen und der Kugelfisch schwammen, so gut es mit einer Flosse eben ging, davon.

„Wer bist du denn?“, fragte der Butt, als er am Nachmittag einem seltsamen schwimmenden Ball begegnete.
„Der Kugelfisch natürlich“, sprach der Ball. „Ich trage allerdings einen Verband.“
„Ach so, verstehe.“ Der Butt wünschte gute Besserung und schwamm weiter, buddelte sich kurz in den Sand ein und dann wieder aus – was ein Butt eben so tut an einem freien Nachmittag. Schließlich traf er erneut auf den schwimmenden Ball. „Ach, hallo Kugelfisch, geht es schon etwas besser?“, erkundigte er sich.
„Danke, ja“, gab der Ball zurück. „Ich bin aber gar nicht der Kugelfisch, sondern das Seepferdchen. Ich trage bloß einen Verband.“
„Du auch?“, brummte der Butt erstaunt. „Entschuldige, dass ich dich verwechselt habe.“
„Nicht schlimm“, sagte das Seepferdchen. „Das kann schon mal vorkommen.“
Es schwamm weiter und stieß nach einer Weile auf den Laternenfisch. Der Laternenfisch hatte bereits von den zwei gleichen Verbänden gehört. Er knipste seine Lampe an und fragte: „Wer bist du? Kugelfisch oder Seepferdchen?“

„Ich? Äh … selbstverständlich der Kugelfisch!“, log das Seepferdchen, denn es hatte plötzlich Lust, den Laternenfisch an der Nase herumzuführen. „Wenn ich schon diesen blöden Verband tragen muss, will ich wenigstens etwas Spaß haben“, dachte es sich.
„Ach so, alles klar! Dann weiß ich Bescheid.“
Der Laternenfisch knipste sein Licht wieder aus und schwamm ein Stückchen weiter. Dann begegnete er wieder einem verbundenen Tier.
„Aha! Du musst das Seepferdchen sein“, kombinierte er. „Wie geht's denn so?“

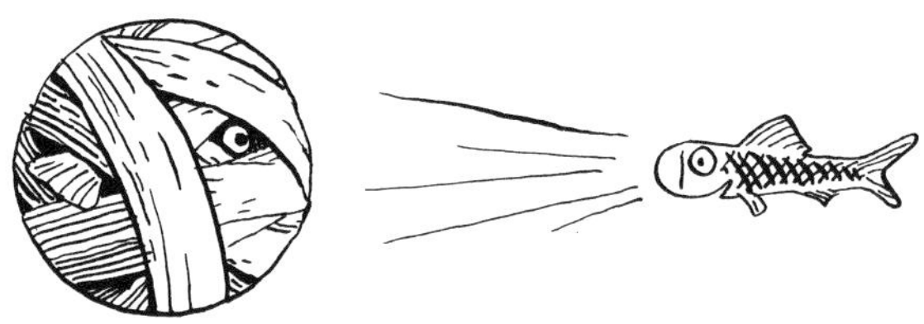

„Mir geht es gut. Ich bin aber gar nicht das Seepferdchen. Ich bin der Kugelfisch!“
„Nein, nein!“, sagte der Laternenfisch. „Der Kugelfisch ist hier gerade vorbeigekommen. Du kannst deshalb nur das Seepferdchen sein!“
Der Laternenfisch tippte an seine Stirn und ließ dabei einmal kurz die Lampe aufleuchten. „Ist doch logisch, oder?“
Dann schwamm er davon und ließ den verdutzten Kugelfisch zurück.
„Ich soll das Seepferdchen sein? Was für ein Unsinn!“, lachte der Kugelfisch unter seinem Verband. Er machte ein paar weitere Flossenschläge und ließ sich mit der Strömung treiben. Und während er so dahintrieb, trieben auch seine Gedanken dahin.
„Was wäre“, überlegte er, „wenn der Laternenfisch doch recht hätte? Vielleicht habe ich mir den Kopf ja so doll gestoßen, dass ich nicht mehr weiß, wer ich bin? So etwas soll es geben! Ich *denke* vielleicht nur, ich sei der Kugelfisch, doch in Wirklichkeit bin ich das Seepferdchen!
Ja, so wird es sein!“

Der Kugelfisch paddelte im Kreis und schaute sich um, bis er in der Ferne den anderen schwimmenden Ball umhertreiben sah.
„He, Kugelfisch!", rief der Kugelfisch. „Warte mal!"
„Wieso nennst du mich Kugelfisch?", rief das Seepferdchen zurück. „Ich bin doch nicht der Kugelfisch! Seh ich etwa aus wie ein Kugelfisch?"
„Doch, natürlich bist du's. Ich bin nämlich das Seepferdchen", erklärte der Kugelfisch aufgeregt. „Bis vor Kurzem dachte ich zwar noch, ich sei der Kugelfisch, aber da hatte ich mich vertan. Das kommt, weil wir uns nicht mehr erkennen können unter diesen Verbänden."
„Du kannst überhaupt nicht das Seepferdchen sein!", rief das Seepferdchen.
„Wieso denn nicht?"
„Weil ich das Seepferdchen bin!"
„Nein, ich bin es!", beharrte der Kugelfisch.
„Ach, lass mich in Ruhe!" Wütend ruderte das Seepferdchen davon. Hinter der nächsten Koralle hielt es jedoch inne und dachte nach: „Und wenn es stimmt, was der Kugelfisch sagt, und er in Wirklichkeit gar nicht der Kugelfisch ist? Vielleicht habe ich ja den Laternenfisch vorhin gar nicht angeführt, sondern die Wahrheit gesagt! Ich sage ja sonst auch immer die Wahrheit. O je, ich glaube, so ist es! Ich muss zurückschwimmen und mich beim Seepferdchen entschuldigen!"
Das Seepferdchen rief: „He, Seepferdchen! Es tut mir leid, dass ich mit dir gestritten habe. Ich glaube, du hattest recht: Ich bin der Kugelfisch, und du bist das Seepferdchen. Ich war eben einfach etwas verwirrt."
„Nein, nein, *ich* muss mich entschuldigen!", rief der Kugelfisch. „Ich war verwirrt, und du hattest recht. Ich lag völlig falsch, ich bin gar nicht das Seepferdchen! Du bist es."
„Ich?", schrie das Seepferdchen. „Ich soll das Seepferdchen sein? Du

machst wohl Witze! Dann denkst du am Ende auch noch, du seist der Kugelfisch, oder was?“

„Natürlich bin ich der Kugelfisch!“

„Bist du nicht!“

„Bin ich wohl!“

„Auf keinen Fall!“

„Aber natürlich!“

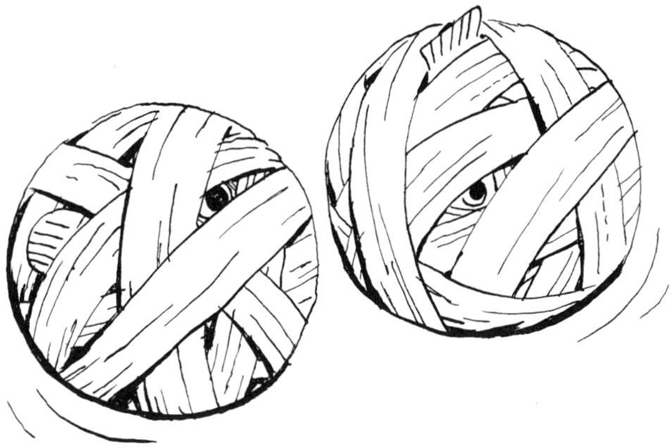

„Na gut, meinetwegen.“

„Meinetwegen was?“

„Meinetwegen bist du’s.“

„Schön. – Aber wer bist dann du?“

„Woher soll ich das wissen?“

„Na ja … Vielleicht bist du ja du selber!“

„Kann sein. Aber vielleicht bist du auch ich, und dann wäre ich du!“

„Ja, das ist auch möglich.“

„Ach, ich hab keine Ahnung mehr, wer ich bin.“

„Ich auch nicht … Vielleicht bin ich ja der Seestern!“

„Dann bin ich der Zackenbarsch!“

„Oder der Doktorfisch!“

„Nein, das kann nicht sein“, unterbrach die beiden eine Stimme. „Das bin nämlich ich.“

Der Kugelfisch und das Seepferdchen drehten sich um und sahen den Doktorfisch, der mit dem Kofferfisch angeschwommen kam.

„Oh, wie gut, dass ihr kommt!“, riefen die beiden Verbandskugeln. „Wir wissen nicht mehr, wer wir sind.“

Der Doktorfisch schaute sich die beiden Verbände genau an, doch auch er konnte nicht erkennen, wer wo darunter steckte. Der Kofferfisch war genauso ratlos.

„Da müssen wir wohl einen Verbandswechsel machen!“, entschied der Doktorfisch. Er und der Kofferfisch nahmen je ein Verbandsende in den Mund und zogen. Die Binden rollten so schnell ab, dass der Kugelfisch und das Seepferdchen sich wie wild im Kreis drehten. Wenige Augenblicke später waren sie wieder frei, doch ihnen war so schwindelig, dass sich um sie herum alles drehte wie ein Karussell.

„Huch“, sagte schließlich der Kugelfisch, „ich bin ja der Kugelfisch! Eben dachte ich noch, ich wäre das Seepferdchen!“

„Bei mir ist es genau umgekehrt!“, rief das Seepferdchen. „Ich dachte eben noch, ich wäre der Kugelfisch! Aber ich wollte eigentlich schon immer gern mal jemand anderes sein. Lustig, dieses Ringelschwänzchen, das ich jetzt habe!“

„Und hier – guck mal, wie rund ich bin“, stellte der Kugelfisch fest. „Das ist auch mal schön!“

„Gut“, sagte der Doktorfisch, „jetzt, wo ihr Bescheid wisst, können wir euch ja wieder neu verbinden.“

„Nein, nein!“, riefen der Kugelfisch und das Seepferdchen entsetzt. „Wir wollen bleiben, wer wir sind!“ Und sie schwammen eilig davon.

„Irgendwie seltsam, das alles“, sagte der Kofferfisch, während er den beiden hinterherschaute.

„Ja“, sagte der Doktorfisch. „Aber dies war ja auch die besonders verwickelte Geschichte.“

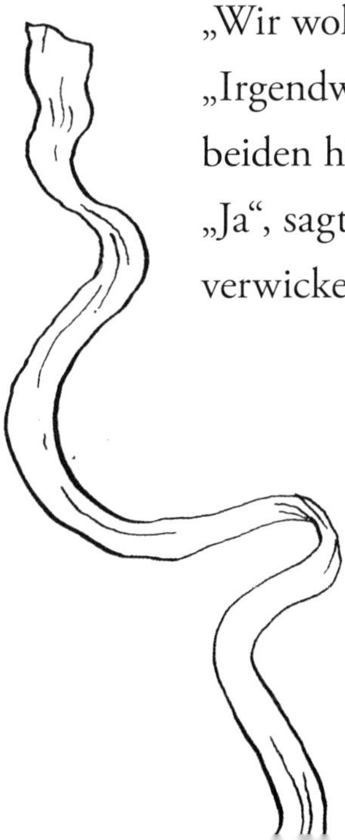

DER STURM

Die ganze Krakenfamilie hatte sich in der Krakenhöhle versammelt, denn draußen tobte ein Sturm. Ein Sturm, der das Wasser aufwühlte, das Seegras zerzauste, die Korallen wie wild hin und her wackeln ließ und das Meer verfinsterte. Alle Kraken waren froh, sicher in der Höhle zu sein, besonders die acht Krakenkinder – aber auch die Krakenmutter und vor allem der Krakenvater.

Die Kinder schauten aus dem Fenster und beobachteten Dinge, die der Sturm durch die Gegend wirbelte: Algen, Muschelschalen, Seegras, Steinchen, Stöckchen …

Auf einmal sahen sie etwas Rundes, das sich wie ein Kreisel um sich selbst drehte. Außerdem hatte es Flossen und Augen!

„Guckt mal, der Kugelfisch!“, rief Krakenkind Nummer fünf. „Er kann nicht gegen den Sturm schwimmen!“

Blitzschnell streckte die Krakenmutter einen ihrer langen Tentakel aus, fasste den Kugelfisch an der Schwanzflosse und zog ihn in die Höhle.

„Oh, vielen Dank!“, prustete der Kugelfisch. „Was für ein Sturm! Ich hab mich so viel gedreht, ich weiß gar nicht mehr, wo oben und unten ist.“

Die Krakenkinder betrachteten den Kugelfisch und drehten ihn dann vom Rücken zurück auf den Bauch. „So rum“, sagte Nummer sieben.

Plötzlich schrie Nummer zwei: „Da ist noch einer!“

Alle liefen wieder zum Fenster und sahen den armen Kofferfisch durchs Meer trudeln. Beherzt streckte der Krakenvater einen Tentakel aus der Höhle und brachte den kleinen gelben Fisch in Sicherheit.

„Puh, danke!“, sagte der Kofferfisch erschöpft.

„Da kommt das Seepferdchen!“, riefen Nummer vier und Nummer sechs.

Nun war wieder die Krakenmutter an der Reihe. Sie packte das Seepferdchen am Ringelschwänzchen und zog es in die Höhle.
Als Nächstes sah man den Seestern über den Meeresboden rollen, als würde er ununterbrochen Rad schlagen. Neben ihm taumelten die beiden Strandkrabben, gefolgt vom Laternenfisch, der ständig dreimal kurz, dreimal lang und dreimal kurz leuchtete.
„Die müsst ihr auch retten!“, sagte Nummer eins. „Sie funken S. O. S.!“
Und die Krakeneltern taten, wie ihnen geheißen.
„Guckt mal! Ein fliegende Untertasse!“, rief Nummer drei.
Vor dem Fenster sauste etwas Großes, Flaches, das sich wie eine Frisbeescheibe im Kreis drehte, vorbei.
„Ach so, der Butt“, sagte der Krakenvater und fing ihn lässig mit einem Tentakel.
Dann hörte man draußen auf einmal ein seltsames, polterndes *Klong, Klong, Klong* … „Was ist das?“, fragte Nummer acht ängstlich.
„Keine Bange“, sagte die Krakenmutter, fuhr einen Tentakel aus und fischte ein Schneckenhaus aus den Wogen. „Das ist nur der Einsiedlerkrebs.“
Mittlerweile war es proppenvoll in der Höhle, und eigentlich passte gar niemand mehr hinein. Doch dann trieb noch ein Fisch vorbei. Der

Krakenvater erwischte ihn gerade eben so und bugsierte ihn mit etwas Mühe auch noch in die Höhle.
Es war ein blauer Fisch mit schwarzem Kopf. Keiner wusste, wer er war, und auch der blau-schwarze Fisch schien niemanden zu kennen.
„Hier ist noch was!", rief die Krakenmutter und fischte etwas Rotes aus dem Wasser.
„Das ist, glaube ich, meine", sagte der unbekannte Fisch und setzte sich das rote Ding auf die Nase.
„Ah, Doktorfisch!", rief der Seestern. „Wir haben dich gar nicht erkannt ohne Brille!"
„Und ich habe *euch* gar nicht erkannt ohne Brille", lachte der Doktorfisch.

Der Sturm wurde noch stärker. Er rauschte, brodelte und gurgelte. Die Kinder schauten aus dem Fenster und warteten auf weitere weggespülte Tiere. Doch der Sturm wirbelte so viel Sand auf, dass kaum noch etwas zu erkennen war.
„Was ist mit dem Zackenbarsch und dem Wal?", fragte das Seepferdchen.
„Und mit dem Mondfisch?", fügte der Seestern besorgt hinzu.
„Und dem Hai?", ergänzte der Kugelfisch.
„Die sind so groß, denen wird schon nichts passieren", sagte der Einsiedlerkrebs, und es klang wie von weit her, denn er sprach aus dem Innern seines Schneckenhauses heraus.

In der Höhle hielten sich alle fest umklammert, was etwas ungemütlich, aber gleichzeitig auch gemütlich war. Der Laternenfisch knipste seine Lampe an und sorgte für ein wenig Licht, während draußen weiter der Sturm tobte.

„Wie wäre es mit einer Geschichte?“, schlug der Kofferfisch vor.
„Ja, eine Geschichte, eine Geschichte!“, riefen die Krakenkinder und die Strandkrabben. „Der Butt erzählt!“
„Wieso ich?“, brummte der Butt, der wie ein Teppich ganz zuunterst lag.
„Weil du der Älteste bist. Du hast am meisten erlebt.“
„Erzähl etwas von früher!“
„Aus deiner Jugend!“
„Oder von noch früher: vom Anbeginn der Zeit!“
Der Butt schien zu überlegen, während alle anderen gespannt warteten.
„Also gut …“, begann er schließlich, „… am Anbeginn der Zeit, als die Ozeane noch jung waren, da war alles wild und durcheinander und ziemlich unordentlich. Und es herrschte die ganze Zeit Sturm!“
„Die ganze Zeit?“, fragte der Kugelfisch dazwischen.
„Die ganze Zeit“, wiederholte der Butt. „Die Korallen wuchsen noch nicht so hoch wie heutzutage, und die Fische sahen noch aus wie kleine Bällchen oder Flocken oder Krümel. Tagein, tagaus wurden sie vom Sturm durch die Gegend gewirbelt. Woche für Woche, Monat für Monat, Jahr für Jahr. – Eines Tages jedoch passierte etwas. Etwas, das noch nie zuvor passiert war. Etwas sehr, sehr Merkwürdiges.“
„Was denn?“, fragte das Seepferdchen, das vor Spannung fast platzte.
„Der Sturm hörte auf! Auf einmal war es ganz still und das Meer vollkommen ruhig.“
Der Butt machte eine Pause, bevor er weitererzählte. „Die Fische fürchteten sich, denn sie kannten die Stille nicht. Sie wussten nicht, was sie tun sollten, und verkrochen sich in eine Höhle.“
„In so eine wie diese hier?“, fragte der Krakenvater interessiert.

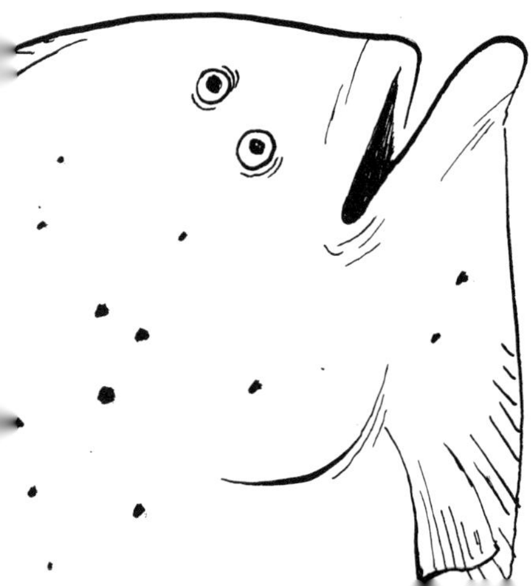

„Genau so eine", bestätigte der Butt. „Es war sogar dieselbe Höhle. Die gab es auch damals schon."
Alle schauten sich beeindruckt um.
„Und erzählten sich die Fische dann auch Geschichten?", fragte der Kofferfisch.
„Nein. Damals gab es noch keine Geschichten. Die Fische hatten einfach nur Angst und warteten darauf, dass endlich der Sturm zurückkehrte."
„Und dann?"
„Dann kehrte der Sturm zurück. Alles war wie vorher, und die Fische konnten die Höhle wieder verlassen."
Der Butt hatte zu Ende erzählt und schwieg. Auch sonst sprach niemand. Die Krakenkinder waren eingeschlafen, und alle anderen dachten über die Geschichte nach. Es war auf einmal merkwürdig still in der Höhle.
„Der Sturm hat nachgelassen!", bemerkte der Seestern.
„Stimmt! Das Wasser ist ganz ruhig", sagte die eine Strandkrabbe.

„Und es ist auch nicht mehr so dunkel“, stellte die andere Strandkrabbe fest.
„Juhu, der Sturm ist vorbei!“, riefen alle zusammen. Sie bedankten sich beim Butt für die Geschichte und bei der Krakenfamilie für die Gastfreundschaft und verließen die Höhle.

„Schläfst du schon?“, fragte der Kofferfisch, als sie abends im Bett lagen.
„Jetzt nicht mehr“, erwiderte der Doktorfisch. „Was ist denn los?“
„Ich habe ein bisschen Angst.“
„Wovor?“
„Es ist so still.“
„Abends ist es doch immer still.“
„Aber früher hatten die Fische auch Angst vor der Stille.“
„Nur, weil sie keine Geschichten kannten.“
„Eben!“, sagte der Kofferfisch und schaute erwartungsvoll zum Doktorfisch hinüber.
„Na schön“, seufzte der Doktorfisch. „Aber nur eine.“

DER UMZUG

„Ich glaube, ich bin krank“,
sagte der Kofferfisch.
„Wieso, was hast du denn?“,
erkundigte sich der Doktorfisch.
„Irgendetwas rumort in mir. Es fühlt sich ganz komisch an, so wie Herzstottern oder Bauchflattern …“
„Wie lange hast du das schon?“
„Seit heute Morgen.“
„Hm.“ Der Doktorfisch nahm sein Stethoskop und horchte den Kofferfisch ab. Zunächst am Bauch, dann am Rücken. „Tief einatmen!“, sagte er. „Und jetzt tief ausatmen.“
„Ist es was Schlimmes?“
„Nein“, sagte der Doktorfisch und klappte das Stethoskop wieder zusammen. „Es ist bloß das Telefon. Es klingelt. Mach mal den Mund auf!“
Der Kofferfisch öffnete sein Maul, und der Doktorfisch holte das summende Muschelhandy heraus.
„Hallo?“
„Das hat aber gedauert!“, beschwerte sich der Einsiedlerkrebs am anderen Ende der Leitung.
„Tut mir leid. Was gibt es denn?“
„Mir geht es gar nicht gut.“
„Dann kommen wir gleich vorbei!“ Der Doktorfisch legte auf und steckte das Telefon zurück in den Kofferfisch.

„Wieso kommen wir zu ihm und nicht er zu uns?“
„Weil wir heute mal einen Hausbesuch machen“, sagte der Doktorfisch. „Komm mit! Du bist ja jetzt wieder gesund.“

Fünf Minuten später kamen sie beim Schneckenhaus des Einsiedlerkrebses an. Er hatte ein blasses Gesicht, und seine Augen waren gerötet. „Seit ein paar Tagen habe ich hinten immer so ein Kneifen“, sagte er mit schwacher Stimme. „Oder so eine Art Zwicken. Vielleicht könnte man auch sagen: ein Piksen. Eigentlich ist es aber eher ein Drücken.“
„Verstehe“, sagte der Doktorfisch. „Am besten, du kommst raus, damit wir dich untersuchen können!“
„Dann bin ich ja ganz nackt!“
„Das macht nichts. Ich bin auch nackt, wenn ich die Brille abnehme“, sagte der Doktorfisch.
„Na gut. Aber nur ganz kurz.“ Der Einsiedlerkrebs bewegte seine Scheren und ruckelte hin und her. Dabei schnaubte er wie ein Walross und bekam einen tiefroten Kopf.
„Stimmt was nicht?“, fragte der Kofferfisch.
„Ich habe mich irgendwie eingeklemmt“, ächzte der Einsiedlerkrebs. „Helft mir mal!“
Der Doktorfisch und der Kofferfisch packten den Einsiedlerkrebs an den Scheren und zogen. Doch der Krebs steckte fest. Er bewegte sich keinen Millimeter.
„Ich glaube, ich weiß, was dich kneift, zwickt, pikst oder drückt“, sagte schließlich der Doktorfisch. „Dein Haus ist zu klein.“
„Zu klein? Es war noch nie zu klein! Wieso sollte es auf einmal zu klein sein?“
„Weil du gewachsen bist.“

„Nein, nein, so etwas mach ich nicht! Da wär ich ja schön blöd!“, wehrte der Einsiedlerkrebs ab. „Höchstens ein winziges bisschen“, fuhr er kleinlaut fort. „Einen halben Millimeter vielleicht, aus Versehen … und was soll ich jetzt machen?“
„Zurückwachsen“, schlug der Kofferfisch vor.
„Oder umziehen!“, sagte der Doktorfisch.
„Umziehen?“, schrie der Einsiedlerkrebs entsetzt. „So ein schönes Haus wie dieses finde ich nie wieder! Stabil gebaut, tolle Lage, keine Miete! Alles aus reinstem Kalk und Perlmutt! So etwas wird heutzutage gar nicht mehr hergestellt! Glaubt ja nicht, ich würde in irgendeinen modernen Kasten einziehen, wo der Putz von der Decke bröckelt!“
„Aber wenn dich dein Haus doch kneift, zwickt, pikst oder drückt“, wandte der Kofferfisch ein.
„Was redest du da? Hier kneift, zwickt, pikst oder drückt überhaupt nichts. Das war alles nur Einbildung! Mir geht es blendend, und ihr könnt jetzt wieder gehen. Vielen Dank für die Untersuchung.“

„Glaubst du, es war wirklich nur Einbildung?“, fragte der Kofferfisch, als sie wieder zurück zur Arztpraxis schwammen.
„Nein, ich glaube, er bildet sich nur ein, es wäre Einbildung.“
„Was können wir dann tun, um ihm zu helfen?“
„Ich weiß nicht“, sagte der Doktorfisch. „Vielleicht sollten wir einfach nach einem größeren Schneckenhaus Ausschau halten. Komm mit!“
Zusammen schwammen sie los, über die Seegraswiese, an Steinen, Korallen und Seeanemonen vorbei.
„He, was macht ihr denn hier?“, fragte der Seestern. „Habt ihr was verloren?“
„Nein, wir suchen ein neues Schneckenhaus für den Einsiedlerkrebs.“

„Ach so. Schaut doch mal da hinten. Da ist, glaub ich, eines."
Der Seestern hatte recht! Es war sogar ein sehr schönes Schneckenhaus. Der Kofferfisch schwamm sofort hin, um es aufzusammeln. Aber es ging nicht. Das Schneckenhaus war an etwas befestigt. Und zwar an einer Schnecke!
„Flossen weg! Das ist *mein* Haus", beschwerte sie sich und drohte gefährlich mit den Fühlern.
„Oh", sagte der Kofferfisch. „Ich wusste gar nicht, dass auch Schnecken in Schneckenhäusern leben. Einen schönen Tag noch!"

Der Doktorfisch und der Kofferfisch setzten ihre Suche fort. Der Seestern half mit, und der Butt und der Laternenfisch stießen auch noch hinzu. Aber alle Schneckenhäuser, die sie fanden, waren entweder bewohnt oder zu klein oder kaputt.
Gegen Mittag klingelte wieder das Telefon.
„Ich bin's", meldete sich der Einsiedlerkrebs mit noch schwächerer Stimme als zuvor. „Könnt ihr doch noch mal vorbeikommen?"
Der Doktorfisch und der Kofferfisch schwammen sofort zum Einsiedlerkrebs, während die anderen weiter nach Schneckenhäusern suchten.

„Ich glaube, ihr habt recht", jammerte der Einsiedlerkrebs. „Ich halt es kaum noch aus. Aber wie kann ich umziehen, wenn ich feststecke?"
„Uns fällt schon etwas ein, keine Sorge", sagte der Doktorfisch und kratzte sich am Kinn, um besser nachdenken zu können. Der Kofferfisch hingegen hatte bereits eine Idee. Er schwamm unbemerkt hinter das Haus des Einsiedlerkrebses, so dass dieser ihn nicht mehr sehen konnte. Dann kam er plötzlich wieder zum Vorschein und rief: „Buh!"

Der Einsiedlerkrebs bekam einen Riesenschreck und zog sich mit einem Ruck zurück in sein Schneckenhaus.
„Was sollte das denn?“, schimpfte der Doktorfisch.
„Ich dachte, er hüpft vielleicht heraus, wenn er erschrickt.“
„Einsiedlerkrebse hüpfen nicht heraus, wenn sie sich erschrecken. Sie verkriechen sich! Jetzt steckt er noch tiefer fest.“
„Hilfe“, hörte man ein dumpfes Rufen von innen.
„Siehst du?“
„Tschuldigung“, sagte der Kofferfisch kleinlaut.
Gerade in diesem Moment kamen die beiden Strandkrabben des Weges.
„He, ihr da!“, rief der Doktorfisch. „Kommt mal her! Wir müssen den Einsiedlerkrebs aus seinem Haus befreien. Könnt ihr es mit euren Scheren aufschneiden?“
„Klar“, riefen die Strandkrabben. „Unsere Scheren sind super scharf!“
Sie eilten herbei und machten sich sofort an die Arbeit, kniffen, sägten, schabten und feilten, was das Zeug hielt. Doch die Schale war so hart, dass sie nur ein paar Kratzer bekam. Bald taten den Krabben die Scheren weh, und sie gaben auf.
„Soll ich mal?“, fragte eine knarrende Stimme.
Die Strandkrabben sprangen vor Schreck hinter den nächsten Stein, denn der Hai war gekommen. Er hatte alles bereits eine Weile aus der Ferne beobachtet.
„So ein Schneckenhaus knacke ich mit links“, sagte er und zeigte mit einer Flosse auf seine spitzen Zähne. „Darf ich?“
Der Doktorfisch zögerte. „Nur, wenn du versprichst, dabei nicht den Einsiedlerkrebs aufzufressen.“
„Hm“, sagte der Hai und überlegte. „Na gut, ich verspreche es. – Unter einer Bedingung.“

„Und die wäre?“

„Dass ich den Einsiedlerkrebs doch auffressen darf! Ha ha! Überlegt’s euch! Ich komm nachher noch mal vorbei.“ Er schwamm grinsend davon, denn er fand sich heute unglaublich witzig.

Kurze Zeit später erschienen der Butt, der Seestern und der Laternenfisch. Der Seestern saß auf dem Butt und hielt etwas in seinen Armen. Es war ein wunderschönes, hübsch gemustertes Schneckenhaus. Es hatte genau die richtige Größe, es war heil, und vor allem war es unbewohnt! Der Laternenfisch strahlte es an, dass es funkelte.

„Was sagt ihr dazu“, rief der Seestern stolz.

„He, Einsiedlerkrebs, komm raus und schau dir deine neue Villa an!“
„Ich kann doch nicht“, jammerte der Einsiedlerkrebs. „Ich stecke fest.“
„Vielleicht hast du nur zu viel gegessen“, sagte der Butt. „Iss mal ein paar Tage nichts. Dann fällst du irgendwann von alleine raus.“
„Gute Idee!“, sagte die eine Strandkrabbe.
„Stimmt“, sagte die andere Strandkrabbe.
„Ich weiß etwas Besseres!“, schrie der Kofferfisch. „Erinnert ihr euch noch an die Geschichte vom Blasenwettkampf? Alles, was der Einsiedlerkrebs braucht, ist Blubberblasenmedizin!“

„Du meinst …“, begann der Doktorfisch,
„… aber dann wäre dies ja schon wieder eine Geschichte, die mit einem Pups endet.“
„Ist doch egal! Hauptsache, der Einsiedlerkrebs kann umziehen!“, rief der Kofferfisch.
Alle machten sich auf die Suche nach braunem Seetang, schleimigen Glibberalgen und verwelktem Seegras, füllten einen Becher damit voll und rührten kräftig um. Die fertige Blubberblasenmedizin schütteten sie dem Einsiedlerkrebs ins Haus, und dieser trank, so viel er konnte. Dann drehten der Kofferfisch und der Doktorfisch die Schneckenhäuser so, dass sich beide Eingänge genau gegenüber befanden.
„Und jetzt?“, fragte der Seestern.
„Jetzt müssen wir warten“, erklärte der Doktorfisch.
Und sie warteten.
Der Kugelfisch, das Seepferdchen, der Zackenbarsch, die Krakenfamilie, der Mondfisch und sogar der Wal kamen noch hinzu und warteten mit. Sie warteten fast eine Stunde lang.

Gerade als der Einsiedlerkrebs sagen wollte „Ich glaube, es funktioniert nicht“, gab es auf einmal einen Knall! Der Einsiedlerkrebs schoss wie eine Kanonenkugel durch das Wasser. Er machte eine halbe Drehung und flog genau in den Eingang seines neuen Hauses.
„Volltreffer!“, jubelte der Kofferfisch, und alle applaudierten.

Es dauerte eine Weile, bis sich der Einsiedlerkrebs von diesem Umzug erholt hatte. Doch dann war er erleichtert und glücklich, denn nichts kniff, zwickte, pikste oder drückte mehr. „Danke“, sagte er und lud alle Umzugshelfer ein, ihn jederzeit in seinem neuen Haus zu besuchen.
„Was passiert jetzt mit dem alten Haus?“, fragte der Kofferfisch den Doktorfisch.
„Das lassen wir liegen. Vielleicht freut sich der Hai darüber, wenn er zurückkommt.“

DER HIMMEL UNTER WASSER

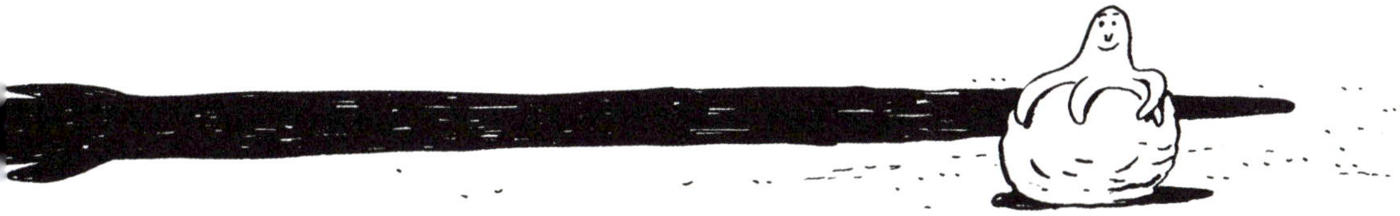

Auf einem Stein am Meeresboden saß der Seestern. Er hatte die Beine übereinandergeschlagen und träumte vor sich hin. Doch er war nicht allein. Denn um den Stein herum schwamm der Mondfisch. Er drehte eine Runde nach der anderen, und bei jeder Runde seufzte er: „O."
„*O?*", fragte der Seestern.
„O!", wiederholte der Mondfisch.
„Was meinst du mit ‚O'?"
Der Mondfisch hörte auf zu paddeln und schaute auf den Seestern hinab.
„Ich meine damit: O ich hab dich gern!"
„Du hast mich gern?", fragte der Seestern. „Ist das wirklich wahr?"
„Klar", sagte der Mondfisch und schwamm eine weitere Runde um den Stein. „Obwohl, wenn ich darüber nachdenke, … nein, eigentlich habe ich dich doch nicht gern."
„Nicht?"
„Nein."
„Du hast mich nicht gern?"
„Ich habe dich nicht *gern* … denn ich hab dich *sehr* gern!"
„Oha!", freute sich der Seestern.

„Und du? Hast du mich gern?", wollte nun der Mondfisch wissen.
Der Seestern schaute dem Mondfisch fest in die Augen. Dann schüttelte er den Kopf. „Nein, ich habe dich nicht gern."
„O."
„Und ich hab dich auch nicht *sehr* gern."
„O."
„Tut mir leid."
Der Mondfisch bekam feuchte Augen, denn sie waren ja unter Wasser.
„Aber, weißt du was?", sagte der Seestern.
„Nein."
„Ich habe dich nur deshalb nicht *gern* und nicht *sehr* gern, weil ich dich *super* gern habe!"
„Oho", strahlte der Mondfisch. „Aber ich dich doch auch! Ich habe dich auch *super* gern und überhaupt nicht *sehr* gern!" Und er schwamm aufgeregt ein weiteres Mal um den Stein herum. Dann hielt er an und machte wieder ein nachdenkliches Gesicht.
Der Seestern war verwirrt. „Was hast du?"
„Ich hab dich doch nicht super gern."
„Wieso denn nicht?", fragte der Seestern traurig.
„Weil …", stotterte der Mondfisch, „… weil super gern viel zu wenig ist … Weil ich nämlich … weil ich … in dich … verliebt bin! Und zwar bis über beide Flossen!"
„Bis über beide Flossen?"
Der Mondfisch nickte.
„In mich verliebt?"
„O ja!"
Der Seestern wurde blass. „Aber ich …", begann er, und plötzlich klang seine Stimme heiser, „… ich … ich bin doch auch verliebt in dich, lieber

Mondfisch! Ich spüre es überall in mir! Ich will dein Stern sein, und ich will immer für dich scheinen!“

„O und ich will dein Mond sein und immer nur für dich scheinen!“, erwiderte der Mondfisch. Auch seine Stimme klang plötzlich heiser.

Er schwamm dicht an den Seestern heran, so nah, dass sie sich beinahe berührten, und beide genossen schweigend den Moment. Sie hatten das Gefühl, alles gesagt zu haben, was zwei Meerestiere sich sagen konnten.

So verging eine Weile. Und noch eine Weile. Und dann noch eine Weile.

„Hey, wollen wir heiraten?“, riss der Seestern den Mondfisch aus seinen Träumen.

„O“, sagte der Mondfisch.

„Ich bin klein und habe viele Arme“, sprudelte der Seestern. „Ich könnte gut unsere Küche putzen!“

„Arme? Ich dachte, es wären Beine“, wunderte sich der Mondfisch.

„Es sind auch Beine. Ich kann nämlich auch gut tanzen.“

„Das klingt schon besser. Und ich bin groß und kann dich beschützen. Und tanzen kann ich natürlich auch! Mit den Flossen! Schau mal!“

„Dann heiraten wir?“

„Abgemacht!“

Die anderen Fische waren sehr erstaunt und sehr erfreut, als sie von den Plänen des Mondfisches und des Seesterns erfuhren.

„Allerhand!“, sagte der Einsiedlerkrebs. „Hätt ich nicht gedacht.“

„Macht ihr auch eine Feier?“, rief das Seepferdchen aufgeregt.

„Klar“, sagte der Seestern. „Und zwar gleich heute Abend.“

„Au ja, eine Party!“, jubelten die Strandkrabben. „Wo denn?“

„Auf der Seegraswiese!“, schlug der Kugelfisch vor.

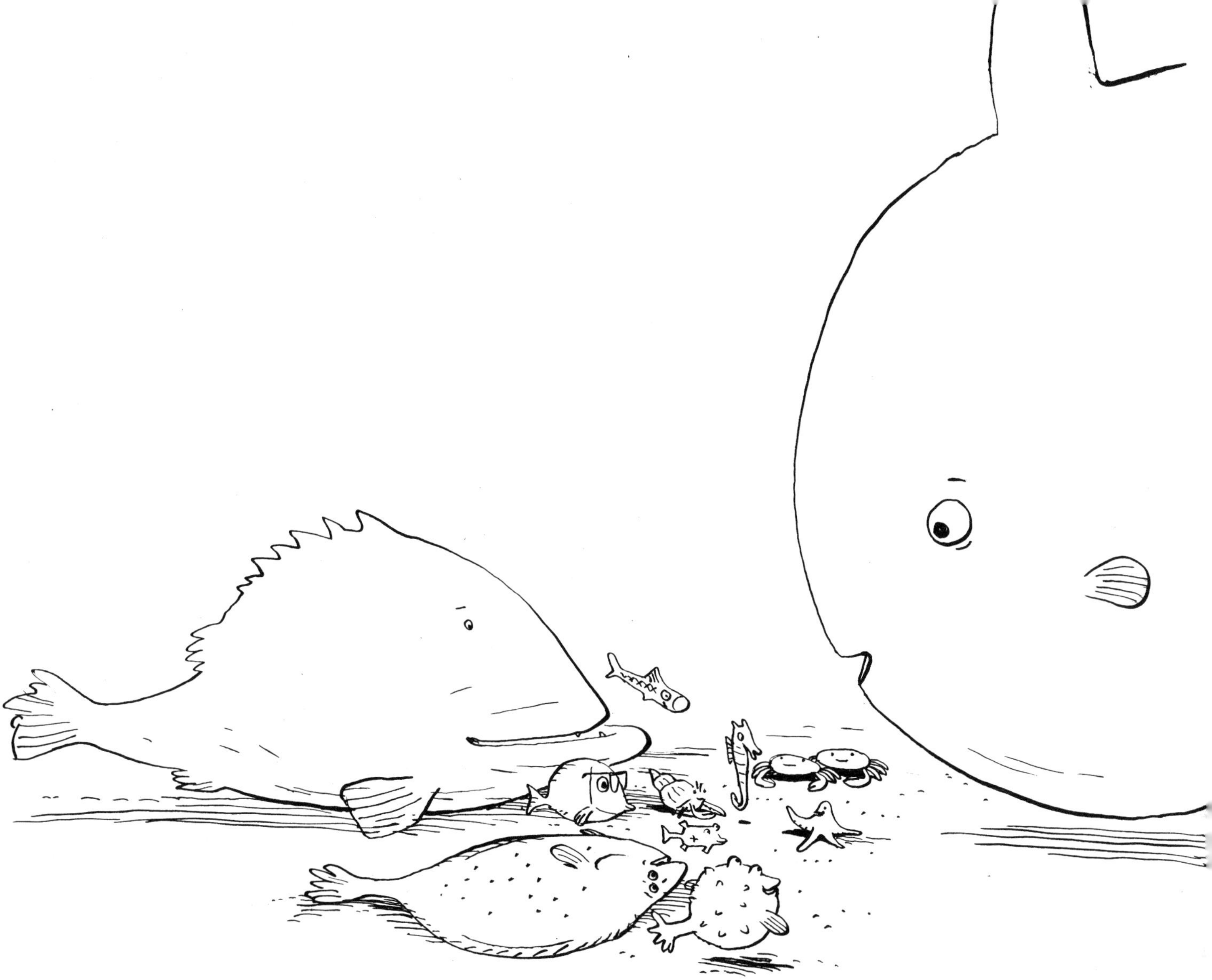

„Nein“, sagte der Seestern. „Wir brauchen einen Partyraum, wo wir richtig feiern können!“
„Und wir haben da schon eine Idee …“, raunte der Mondfisch.

Der Wal glitt gemütlich durchs blaugraue Wasser und dachte an nichts Besonderes, als er vor sich den Mondfisch mit dem Seestern erblickte.
„Na, ihr zwei“, brummte der Wal.
„Hallo, lieber Wal, wir wollen dich heute Abend gern zu einer Feier einladen“, rief der Mondfisch.
„Wir heiraten nämlich“, ergänzte der Seestern.

„Aha“, sagte der Wal.
„Kommst du?“
„Nun ja, ich denke schon. Heute Abend habe ich noch nichts vor.“
„Super!“
„Wo ist denn die Feier?“
„Ähm, …“, begann der Seestern, „… wir dachten, in deinem Bauch.“
„In meinem Bauch?“
„Da ist schön viel Platz, und wir können ungestört Krach machen.“
Der Wal überlegte einen Moment. „Ich weiß nicht recht. Von so was bekomme ich sicher Bauchweh.“
„Mach dir keine Sorgen“, erklärte der Seestern. „Der Doktorfisch bringt dir eine Magentablette mit.“
„Und wenn es dir zu viel wird, spuckst du uns einfach wieder aus“, sagte der Mondfisch. „Kein Problem.“
„Na gut, meinetwegen“, seufzte der Wal, „aber nur bis Mitternacht, dann muss ich schlafen.“

Die Vorbereitungen für die Hochzeitsfeier waren in vollem Gange.
Der Laternenfisch übte Tanzbeleuchtung und schaltete sein Licht immer ein und aus und wieder ein.
Der Zackenbarsch schwamm los, um den Trompetenfisch zu fragen, ob er Musik machen könne.
Das Seepferdchen und der Kugelfisch buken heimlich eine Hochzeitstorte aus Seegras, Sand, Algen und Muschelschalen.
„Ihr braucht aber noch ein Tablett“, bemerkte der Butt, der zuguckte.
„Stellt den Kuchen am besten hier rauf“, sagte der Doktorfisch.
„Was ist das denn?“, fragte das Seepferdchen.
„Das ist die Magentablette für den Wal.“

Die Eltern der Krakenfamilie waren verzweifelt. „Wer passt bloß auf unsere acht Kinder auf, wenn wir den ganzen Abend auf der Feier sind?“, fragten sie sich. „Wir brauchen einen Babysitter.“

„Quatsch“, sagten die Kinder. „Das geht schon. Wir machen es so: Nummer zwei passt auf Nummer eins auf, Nummer drei passt auf Nummer zwei auf, Nummer vier passt auf Nummer drei auf, Nummer fünf passt auf Nummer vier auf, Nummer sechs passt auf Nummer fünf auf, Nummer sieben passt auf Nummer sechs auf und Nummer acht passt auf Nummer sieben auf.“

„Schön und gut“, sagte der Krakenvater. „Doch wer passt dann auf Nummer acht auf?“

„Ich natürlich“, rief Krakenkind Nummer eins.

„Ach, was haben wir nur für brave Kinder“, sagte die Krakenmutter.

Am Abend zog die ganze Hochzeitsgesellschaft zum Wal.

Der Wal sagte: „Herzlich willkommen!“, öffnete sein riesiges Maul, und alle schwammen oder krabbelten hinein. Der Laternenfisch knipste seinen Scheinwerfer an.

Kaum waren sie im Walbauch angekommen, begann der Trompetenfisch zu spielen. Der Mondfisch nahm den Seestern bei den Armen (oder Beinen), und sie tanzten den ersten Tanz. Dann tanzte der Butt mit dem Zackenbarsch, das Seepferdchen tanzte mit dem Kugelfisch, die eine

Strandkrabbe tanzte mit der anderen Strandkrabbe, der Doktorfisch tanzte mit dem Kofferfisch, und der Einsiedlerkrebs tanzte mit seinem neuen Schneckenhaus.

Am besten tanzen aber konnten die Kraken. Sie umarmten sich und umschlangen sich. Und schließlich verknoteten sie sich zu einem Knäuel und rollten alle über den Haufen.

Alle tranken Tiefseesekt und aßen die leckere Hochzeitstorte. Was übrig blieb, schoben der Kugelfisch und das Seepferdchen dem Wal mitsamt Tablette in den Darm.

Dann sang der Butt alle Strophen von „La mer“ auf Französisch, während die anderen wie wild hin und her schwankten. Auch die Tanzfläche schwankte, denn der Wal schunkelte mit.

„O“, sagte der Mondfisch.

„Was meinst du mit ‚O‘?“, fragte der Seestern.

„Ich meine: O wie schön.“

„Ja", sagte der Seestern.

„Tolle Party", bemerkte der Kofferfisch.

„Stimmt", sagte der Doktorfisch. „Dabei kommt jetzt erst der Höhepunkt. Es ist nämlich gleich Mitternacht. Mach mal bitte den Mund auf."

Der Kofferfisch öffnete sein Maul, und der Doktorfisch zog eine Feder heraus.

Der Wal, der sich gemütlich im Takt der Musik hin und her bewegte, bemerkte auf einmal ein Kitzeln in seinem Bauch. Erst ganz leicht, doch es wurde stärker. Dann wurde es noch stärker. Und schließlich war es ganz unerträglich.

„Auwei", ächzte er. „Ich fürchte, ich muss mich …" Er wand und krümmte sich, und dann … spuckte er die ganze Hochzeitsgesellschaft in einem Riesenschwall aus seinem Maul! Alle wirbelten herum, drehten sich um sich selbst und riefen „Juhu!", während sie durch das Wasser in die Dunkelheit sausten.

Der Trompetenfisch spielte einen letzten Ton, der Laternenfisch flackerte noch einmal auf, dann wurde es allmählich still. Die Tiere schleppten sich zurück in ihre Höhlen und Unterschlupfe. Nur der Einsiedlerkrebs war so müde, dass er nicht mehr den Eingang zu seinem Schneckenhaus fand. Also beschloss er, die Nacht im Freien zu verbringen.

Bald schliefen alle tief und fest.

Der Seestern und der Mondfisch jedoch trieben noch durch das nachtblaue Meer und leuchteten vor Glück.

ERINNERUNGEN

„Weißt du, woran mich das hier gerade erinnert?“, fragte der Kofferfisch.
„Was meinst du mit *das hier*?“, fragte der Doktorfisch müde, denn er schlief schon fast.
„Na, wie wir hier in unseren Betten liegen“, sagte der Kofferfisch.
„Nein, keine Ahnung.“
„Es erinnert mich daran, dass wir gestern Abend auch schon hier in unseren Betten lagen.“ Der Kofferfisch setzte sich im Bett auf. „Und weißt du, woran mich das wiederum erinnert?“
„Nein.“
„Daran, dass ich gestern auch noch nicht müde war.“
Der Doktorfisch seufzte.
„Und weißt du, woran es mich erinnert, noch nicht müde zu sein?“, fuhr der Kofferfisch munter fort.
„Nein“, wiederholte der Doktorfisch.
„Daran, dass du mir jetzt noch eine Geschichte erzählen musst.“
„Erzähl *du* doch *mir* eine Geschichte, wenn du so wach bist!“, schlug der Doktorfisch vor.
„Nein, das geht nicht. Wenn ich erzähle, schläfst du sofort ein. *Du* musst erzählen.“
Der Doktorfisch gähnte. „Na schön. Was soll ich denn erzählen?“
„Erzähl irgendeine Fischgeschichte! Von einem Fisch, den ich noch nicht kenne! Du kannst dir auch einen ausdenken.“
Der Doktorfisch überlegte.
„Also“, begann er, „es gab einmal einen Fisch, der hieß der Müde-Fisch.

Der Müde-Fisch schwamm immer ganz langsam, denn er war unglaublich müde. Er war so müde wie das Meer nach dem Sturm. Und deswegen schlief er die ganze Zeit und träumte schöne Träume – so wie du jetzt."

„Das gilt nicht!", beschwerte sich der Kofferfisch. „Das war ein Trick. Erzähl von einem andern Fisch!"

„Na gut. – Es war einmal ein Schlaf-Fisch. Der Schlaf-Fisch tat den ganzen Tag nichts anderes, als zu …"

„Schlaf-Fisch gilt auch nicht."

„Dann eben ein Schlummer-Fisch."

„Nein!"

„Ein Schnarch-Fisch!"

„Auch nicht!"

„Okay – wie wäre es mit einem Tobe-Fisch?"

„Ein Tobe-Fisch? – Das geht."

„Also, der Tobe-Fisch war wie jeden Tag wild herumgetobt. Abends merkte er dann, wie müde er war. Ich muss schlafen, dachte der Tobe-Fisch, ging ins Bett und versank sofort in die allerschönsten Träume."

„Das war schon wieder gemogelt! Jetzt schlage ich mal einen Fisch vor. Erzähl etwas vom Abenteuer-Fisch!"

Der Doktorfisch drehte sich auf den Rücken, verschränkte die Flossen hinter seinem Kopf und schaute in die Dunkelheit.

„Der Abenteuerfisch …", sagte er, „… also, meinetwegen."

Und er erzählte von einem Fisch, der dunkle Höhlen erforschte, der unter Eisbergen hindurch in ferne Ozeane schwamm und in den Marianengraben tauchte; der sagenhafte Schätze entdeckte, lange auf Reisen war, der viele Freunde fand, doch manchmal auch allein war und immer wieder fast vom Hai gefressen wurde; der nach Jahren schließlich

zurückkehrte, als ihn zuhause schon fast keiner mehr kannte, wo er dann aber als Held gefeiert wurde.
Es war eine ziemlich lange Geschichte. Als der Doktorfisch sie beendet hatte, schaute er zum anderen Bett hinüber. Der Kofferfisch schlief tief und fest und schnarchte friedlich vor sich hin. Und das erinnerte den Doktorfisch an etwas …

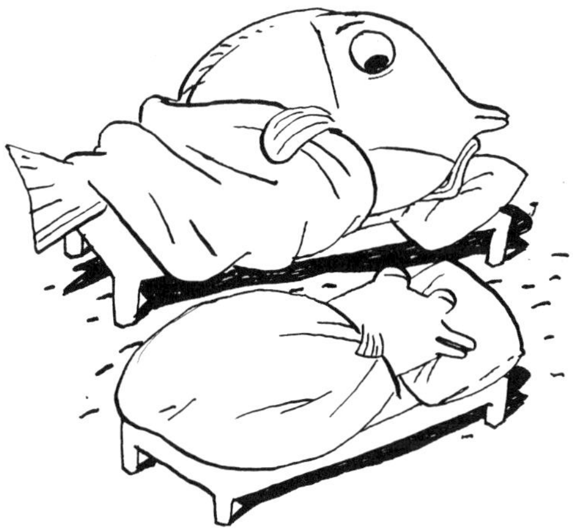

DAS REZEPT

„Aufstehen!“, rief der Kofferfisch.

„Was ist los?“, gähnte der Doktorfisch, „ist nicht noch Schlafenszeit?“

„Nein, es ist Arbeitszeit! Das Wartezimmer ist schon voll!“

Der Doktorfisch tastete nach seiner Brille und schlug die Decke beiseite. Dann schwamm er aus seinem Bett, während der Kofferfisch bereits den ersten Patienten aus dem Wartezimmer holte. Es war der Zackenbarsch. Er war blass und machte ein schmerzverzerrtes Gesicht.

„Guten Morgen“, sagte der Doktorfisch. „Tun wieder die Augen weh? Brauchst du neue Pflaster?“

„Nein“, sagte der Zackenbarsch gequält. „Es sind nicht die Augen, es ist der Bauch. Ich habe schlimme Bauchschmerzen.“

„Ach so, dann ist die Sache klar. Ich kann mir denken, woran es liegt. Mach doch bitte mal den Mund auf!“

Der Zackenbarsch öffnete sein Maul, und der Doktorfisch rief: „He, Strandkrabben, Laternenfisch! Kommt raus! Ihr sollt da drinnen nicht Fußball spielen!“

Alle warteten und lauschten, doch es kam keine Antwort aus dem Zackenbarsch.

„Merkwürdig.“ Der Doktorfisch holte das Stethoskop aus dem Kofferfisch und begann den Bauch des Zackenbarsches abzuhorchen. „Ich höre keine Ballgeräusche …, vielleicht sind es doch nicht die Krabben.“

„Nein, nein“, sagte der Zackenbarsch,

„die sind es nicht. Ich glaube, ich habe sie eben noch auf der Seegraswiese spielen sehen.“

„Dann hast du vielleicht etwas anderes verschluckt.“ Der Doktorfisch schwamm um den Zackenbarsch herum und klopfte ihm mit der Flosse kräftig auf den Rücken. „Huste mal!“

Doch die Flosse des Doktorfisches war viel zu weich und viel zu klein, um durch die dicke Schuppenhaut des Zackenbarsches zu dringen. Der Zackenbarsch spürte vom Klopfen überhaupt nichts.

„Probier es hiermit!“, sagte der Kofferfisch und holte eine Bratpfanne aus seinem Maul hervor.

„Gute Idee!“

Der Doktorfisch nahm die Pfanne in beide Flossen und haute sie dem Zackenbarsch auf den Rücken. Sofort musste der Zackenbarsch husten. Der Doktorfisch haute noch einmal, und der Zackenbarsch musste wieder husten. Dann haute der Doktorfisch ein drittes Mal, und der Zackenbarsch hustete endlich aus, was in ihm war. Ein großes längliches Ding flog aus seinem Maul, schlug gegen die Wand und rollte über den Fußboden.

„Igitt“, sagte der Kofferfisch. „Eine Plastikflasche! So was isst man doch nicht!“

Der Zackenbarsch machte ein erstauntes Gesicht. „Die muss mir irgendwie reingerutscht sein", sagte er. „Aber, hey! Mir geht es gleich besser! Danke für die Behandlung, ihr seid ein tolles Team!" Er paddelte rückwärts aus dem Zimmer, drehte sich, schwamm davon und ließ den Doktorfisch und den Kofferfisch mit der zerknautschten Flasche zurück.
„Unglaublich", sagte der Doktorfisch und machte ein nachdenkliches Gesicht.
„Nächstes Tier, bitte!", rief der Kofferfisch.

„Na endlich", stöhnte der Krakenvater, der mit den Tentakeln voran hereinkam. Wie schon bei seinem letzten Besuch wurde er von seinen acht Kindern getragen.
„Ist wieder was gebrochen?", fragte der Kofferfisch.
„Ach. Nein. Vielleicht. Ich weiß nicht", sagte der Krakenvater mit schwacher Stimme. „Ich glaube, es ist diesmal noch schlimmer. Aua."
„Wir haben ihn heute früh jammernd vor der Höhle gefunden", erklärte Krakenkind Nummer eins. „Er meint, er kann nicht mehr gehen."
„Seine Tentakel funktionieren nicht mehr", ergänzte Krakenkind Nummer drei.
„Und er sagt ständig ‚Aua'", fügte Krakenkind Nummer sechs hinzu.
„Aua", sagte der Krakenvater.
Der Doktorfisch rückte die Brille zurecht und betrachtete die langen lila Tentakel des Krakenvaters. Es war ein ziemliches Durcheinander.
„Schere!", sagte er.
Der Kofferfisch öffnete sein Maul und zog eine Schere hervor. Der Doktorfisch nahm sie an einem Griff und überließ den anderen Griff dem Kofferfisch. „Auf drei. Eins, zwei … drei!"
Gemeinsam drückten sie die Klingen gegeneinander.

„Nein!“, schrie der Krakenvater. „Nicht meine Tentakel zerschneiden! Hilfe!“

„Keine Angst, Papa, die zerschneiden nicht dich, sondern was anderes“, sagte Krakenkind Nummer sieben, das auf dem Kopf seines Vaters saß und von dort allcs aufmcrksam beobachtete.

Der Doktorfisch und der Kofferfisch schnitten noch ein paar weitere Male, dann steckte der Doktorfisch die Schere wieder zurück in den Kofferfisch.

„Jetzt versuch mal, dich hinzustellen!“

„Bin ich denn wieder gesund? Okay, aber ihr müsst mich halten, wenn ich falle!“

Vorsichtig setzte der Krakenvater einen Tentakel nach dem anderen auf den Boden und richtete sich auf. Er stand. Dann machte er einen Schritt nach links und einen weiteren Schritt nach rechts. „Fantastisch!“, rief er. „Alles ist wieder wie immer. Unglaublich!“

Vergnügt tanzte er durch die Höhle und stieß vor Aufregung Tisch und Stühle um. „Was war denn bloß los mit mir? War ich überhaupt krank?“

„Deine Tentakel hatten sich in einem alten Netz verfangen“, erklärte der Doktorfisch und hielt ein Stück abgeschnittenen Faden hoch. „Deswegen konntest du dich nicht mehr bewegen.“

„Trägst du uns jetzt wieder zurück nach Hause?“, fragten die Krakenkinder.
„Na klar“, rief der Krakenvater, setzte sich ein weiteres Kind auf den Kopf, nahm die restlichen unter seine Tentakel und balancierte aus der Arztpraxis hinaus. „Vielen Dank, auf Wiedersehen!“
„Lustig, dass sich Kraken immer verknoten …“, sagte der Kofferfisch, als er ihnen hinterherwinkte.
Der Doktorfisch betrachtete die abgeschnittenen Fäden auf dem Boden und machte ein noch nachdenklicheres Gesicht.

Währenddessen schwamm bereits das nächste Tier ins Behandlungszimmer. Es war das Seepferdchen. Es sagte „Guten Tag“ und machte es sich auf der Liege bequem.
„Was für Beschwerden hast du?“, erkundigte sich der Doktorfisch.
„Kopfweh? Halsweh?“
„Nein.“
„Flossenweh?“
„Auch nicht.“
„Fernweh? Heimweh?“
„Nein. Gar kein Weh. Mir geht es gut.“
„Warum bist du dann hier?“
„Nur so. Ich dachte, vielleicht wollt ihr euch zwischendurch mal kurz entspannen.“

„Ach so … “, sagte der Doktorfisch. „Danke, das ist sehr aufmerksam von dir.“
„Gern geschehen“, sagte das Seepferdchen. Es rutschte von der Liege und zuckelte wieder davon.

„Nächstes Tier, bitte!“, rief der Kofferfisch.

„Ich?“, fragte der Seestern und schaute um die Ecke.
„Ja, komm rein“, sagte der Doktorfisch. „Was gibt’s?“
„Ach, ich bin so schlapp. Mir ist so heiß. Wenn wir nicht unter Wasser wären, könntet ihr den Schweiß auf meiner Seestirn sehen.“
„Auf deiner was?“, fragte der Kofferfisch.
„Auf meiner Seestirn. Die Stirn beim Seestern heißt Seestirn.“
Der Seestern zeigte auf den Bereich über seinen Augen.
Der Doktorfisch und der Kofferfisch tauschten Blicke aus.
„Schau doch mal nach, ob er Fieber hat“, schlug der Kofferfisch vor.
Der Doktorfisch schwamm zum Seestern und befühlte mit der Flosse seine Stirn.
„Du hast auf jeden Fall erhöhte Temperatur“, sagte er nach einer Weile.
„Aber eigentlich … bist du genauso warm wie das Wasser.“

„Das ist es ja gerade!“, rief der Seestern. „Mir ist so warm, weil das Wasser so warm ist. Davon bekomme ich Fieber.“
Der Doktorfisch überlegte. „Zum Fiebersenken sind Wadenwickel das Beste.“ Er zog fünf Wickeltücher aus dem Kofferfisch und gab sie dem Seestern. „Frage den Mondfisch, ob er dir kaltes Wasser aus der Tiefe holen kann. Dann soll er die Wickel darin tränken und sie dir umbinden. Morgens und abends. Und um alle fünf Beine.“
„Danke, das machen wir“, freute sich der Seestern und verabschiedete sich.

„Beine oder *Arme*“, flüsterte der Kofferfisch. „Genau weiß man es nicht.“ Der Doktorfisch schwieg und machte das allernachdenklichste Gesicht.

Endlich war das Wartezimmer leer. Der Kofferfisch hängte das Schild mit der Aufschrift „Praxis geschlossen“ nach draußen, pfiff ein Lied und freute sich auf den freien Nachmittag. Der Doktorfisch jedoch schwieg noch immer und schaute aus dem Fenster.

„Warum bist du heute eigentlich so nachdenklich?“, fragte der Kofferfisch.
„Irgendetwas ist hier nicht in Ordnung“, sagte der Doktorfisch langsam. „Komm mit! Wir machen einen Ausflug.“
Ohne ein weiteres Wort verließ der Doktorfisch die Höhle, neugierig gefolgt vom Kofferfisch. Sie schwammen an der großen Koralle vorbei und über die Seegraswiese.
„Was hast du vor?“, rief der Kofferfisch, der Mühe hatte hinterherzukommen.
„Da, schau mal!“ Der Doktorfisch zeigte mit der Flosse in eine Richtung. „Noch so eine Flasche, wie die, die der Zackenbarsch verschluckt hatte.“
„Oha!“, rief der Kofferfisch. „Und da hinten in den Algen hängt ein Netz. Das sieht genauso aus wie das, in dem sich der Krake verfangen hatte.“
Sie schwammen ein weiteres Stück und sahen wieder etwas Seltsames im Meer treiben.
„Eine alte Tüte!“, stellte der Doktorfisch fest.
„Und dahinter ist noch eine“, rief der Kofferfisch.
„He, nein, ich bin keine Tüte. Ich bin die Qualle“, sagte die Qualle.
„Oh“, sagte der Kofferfisch. „Entschuldigung.“

„Alles easy. Wohin seid ihr unterwegs? Warum so eilig? Lasst euch doch einfach treiben, Leute.“

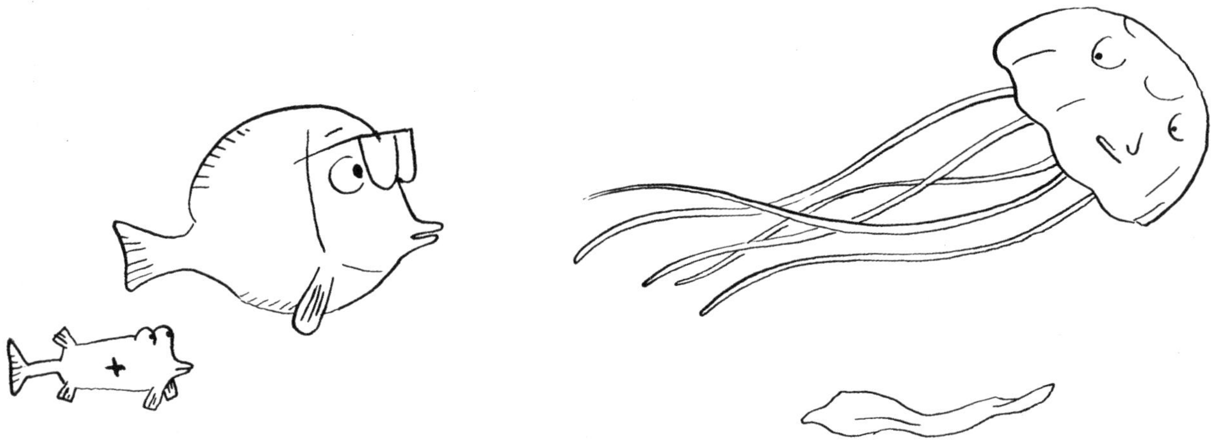

„Wir untersuchen das Meer“, erklärte der Doktorfisch. „Sag mal, du kommst doch viel rum. Schwimmen überall im Wasser diese Sachen?“
„Oh, ja, ich fürchte schon. Das Meer ist leider in keinem guten Zustand.“
„Und ist es auch überall so warm?“
„Unten, in der Tiefe, geht’s, doch oben wird es immer wärmer“, antwortete die Qualle, während sie bereits mit der Strömung weitertrieb und verschwand.
„Überall Flaschen, Tüten, Netze!“, sagte der Doktorfisch grimmig. „Es sind gar nicht die Fische, die krank sind. Es ist das Meer!“
„Das Meer?“, wiederholte der Kofferfisch. „Das wäre aber ein sehr großer Patient.“
„Sieh es dir doch an! Es ist völlig vermüllt. Es ist müllkrank, es leidet an chronischem Müllbefall! Und der Seestern hat total recht. Er hat nur deshalb Fieber, weil das Meer Fieber hat. Mir scheint, das Meer bräuchte dringend eine ärztliche Behandlung.“
„Okay, alles klar“, rief der Kofferfisch. „Dann lass uns loslegen und es wieder gesund machen! Wir geben ihm eine Spritze. Oder wir kleben ein

großes Pflaster drauf. Also, ich meine, ein *sehr* großes. Oder wir geben ihm eine Riesentablette, so groß wie der Mondfisch! Nein, besser noch, so groß wie der Mond! Wir werfen sie ins Meer, und dann schwimmen alle Fische so lange im Kreis drumrum, bis sie sich auflöst."

„Ich fürchte, eine so große Tablette gibt es nicht. Auch kein so großes Pflaster und keine so große Spritze", seufzte der Doktorfisch. „Was das Meer krank macht, kommt vom Land oder aus der Luft. Doch wir sind im Meer *drin* und können nicht raus. Wir können nichts dagegen tun, wenn sich das Meer da draußen ansteckt."

„Aber irgendetwas müssen wir doch machen!", protestierte der Kofferfisch. Ratlos betrachteten die beiden Fische die Dinge, die um sie herum im Wasser trieben. Der Kofferfisch stieg höher bis zur Wasseroberfläche, denn auch dort schwamm etwas. Es war eine Plastikflasche mit Luft darin und mit einem Deckel drauf.

„Ha! Ich hab's! Wir schicken eine Flaschenpost! Wir schreiben eine Nachricht und stecken sie in diese Flasche da.

Die Flasche treibt an Land, und dann wissen sie dort Bescheid und hören auf mit dem Unsinn, das Meer krank zu machen!"

Anerkennend schaute der Doktorfisch zu seinem Assistenten.

„Sehr gute Idee!", sagte er und nickte. „Das machen wir."

Der Kofferfisch öffnete den Mund, und der Doktorfisch holte einen Stift und seinen Rezeptblock hervor. In großen Buchstaben schrieb er darauf eine Anweisung, die klar und unmissverständlich war. Sie bestand aus nur drei Worten und einem großen Ausrufezeichen. Mit vereinten Kräften rollten sie das Rezept ein, schoben es in die Flasche und schraubten den Deckel fest zu.

„Geschafft!" Zufrieden klatschten sich der Doktorfisch und der Kofferfisch mit den Flossen ab. Dann beobachteten sie von

der Wasseroberfläche aus, wie die Flaschenpost auf den Wellen dahinschaukelte.
„Hoffentlich kommt sie bald an“, sagte der Kofferfisch nach einer Weile. „Mir scheint, sie bewegt sich kaum von der Stelle.“
„Du hast recht. Vielleicht sollten wir etwas nachhelfen.“ Der Doktorfisch überlegte. „Am besten, wir rufen den …“ – Auf einmal begann das Meer zu schäumen und Wellen zu schlagen. Der Doktorfisch und der Kugelfisch wurden durch die Fluten gewirbelt, denn etwas kam aus der Tiefe empor! Etwas, das sehr groß war und sehr blau.
„Hey Wal, wo kommst du denn her?“, japste der Kofferfisch.
„Öh, keine Ahnung, ich wollte grad mal nachschauen, wo ich bin. Deswegen bin ich aufgetaucht. Schön, euch zu treffen.“
„Schön, *dich* zu treffen“, erwiderte der Doktorfisch. „Du kommst gerade recht. Kannst du uns helfen und dafür sorgen, dass unsere Flaschenpost etwas schneller an Land kommt?“
„Dieses winzige Ding dort? Klar, das kann ich. Augenblick.“ Der Wal schloss die Augen, spreizte die Flossen und atmete ein, so tief er konnte.

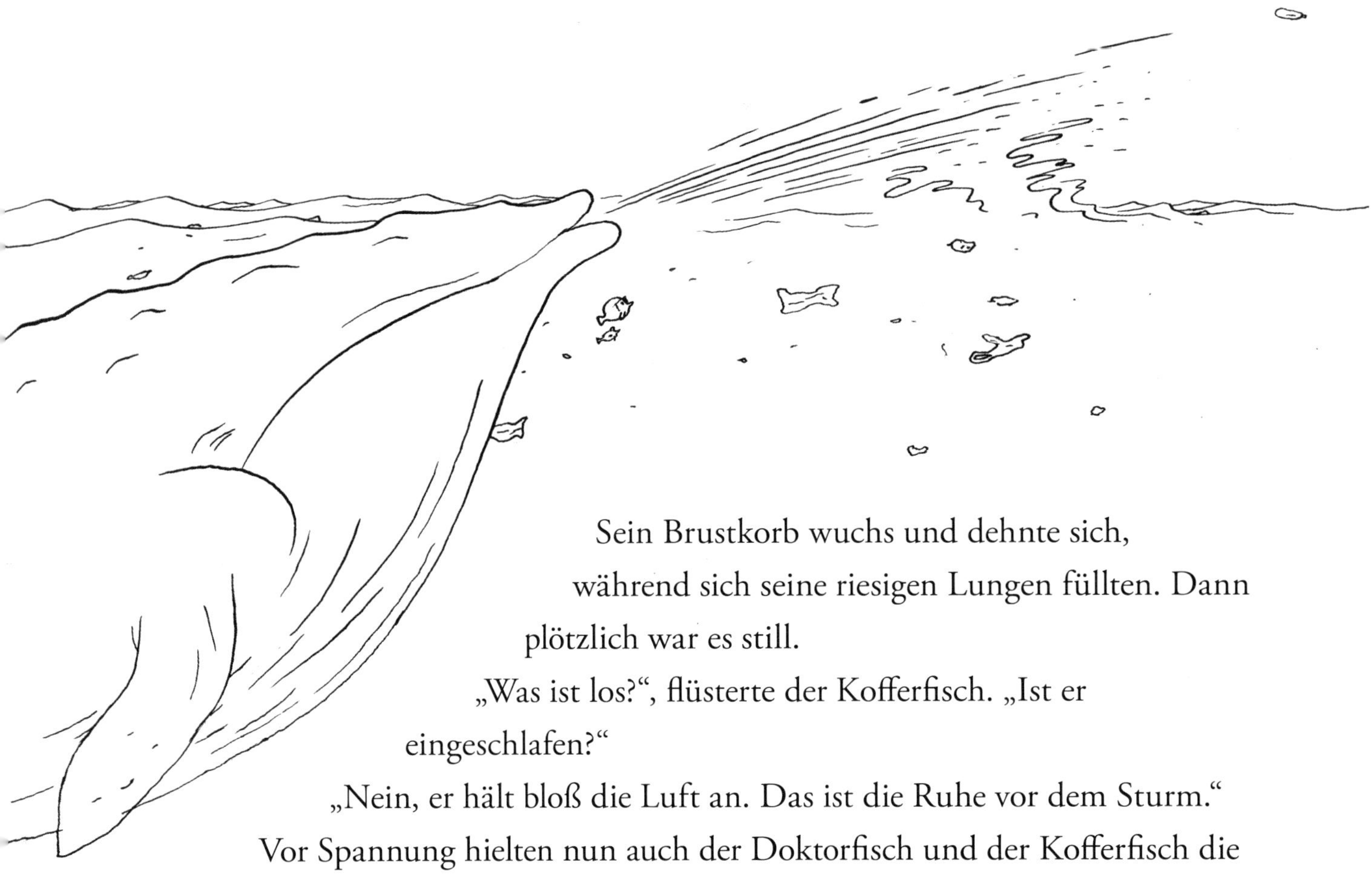

Sein Brustkorb wuchs und dehnte sich, während sich seine riesigen Lungen füllten. Dann plötzlich war es still.

„Was ist los?“, flüsterte der Kofferfisch. „Ist er eingeschlafen?“

„Nein, er hält bloß die Luft an. Das ist die Ruhe vor dem Sturm.“ Vor Spannung hielten nun auch der Doktorfisch und der Kofferfisch die Luft an, bis der Wal endlich die Lippen spitzte und pustete. Ein Orkan fegte über das Meer! Er riss die Flaschenpost mit sich, wehte sie in den Himmel und ließ sie als winzigen Punkt in der Ferne verschwinden.

„Toll“, staunte der Kofferfisch.

„Luftpost!“, sagte der Wal. „Geht schneller!“

Eine Weile schauten sie noch in die Richtung, in die die Flasche geflogen war, dann sagte der Wal: „So, ihr beiden. Ich schlage vor, wir schwimmen jetzt wieder zurück. Ihr werdet nämlich gebraucht. Der Krakenvater ist sich nicht sicher, ob nicht doch etwas gebrochen ist, der Butt hat Rückenschmerzen und beim Laternenfisch muss die Birne gewechselt werden.“

„Einverstanden“, sagte der Doktorfisch. „Was hältst du davon, wenn du uns mitnimmst und wir dir dafür den Weg zeigen.“

„Sehr gern“, sagte der Wal.

Er stieß eine Fontäne aus und glitt in die Tiefe. Und mit ihm sausten auch der Doktorfisch und der Kofferfisch davon. Ganz hinten an seiner Flosse hielten sie sich fest und lenkten den Wal durch das blaue weite Meer.

DOKTORFISCH-SONG

② Sind die [D]Blubberblasen aus [G]deinem Mund
plötzlich [A]eckig und gar [D]nicht mehr rund?
Bist du müde langsam [G]schwach und alle,
fühlst dich [A]wabbelig wie [D]eine Qualle?
Hast du eine Schuppe, [G]die dich juckt
oder [A]hast du einfach mal zu viel [D]Wasser geschluckt?

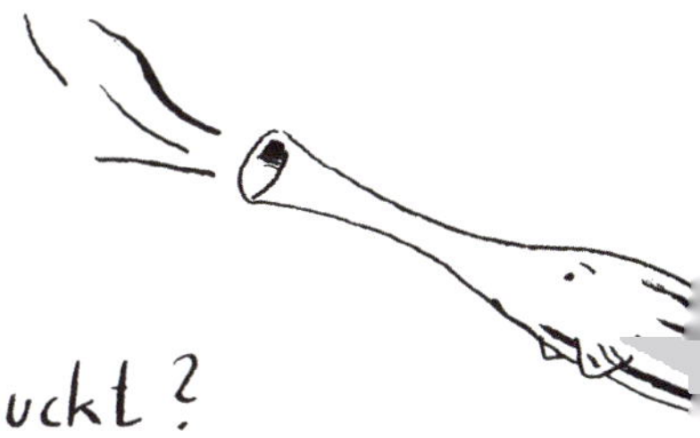

→ Refrain

③ Liegt [D]dir mal etwas [G]schwer im Magen?
Du hast [A]Seegras gegessen und kannst [D]das nicht vertragen.
Hast du dir die Schwimmflossen [G]eingeknickt
oder [A]hat dich eine kleine böse [D]Krabbe gezwickt?
Weißt du nicht mehr weiter, hast du [G]dich verschwommen,
du bist [A]ganz alleine und es muss jemand kommen.

→ Refrain

④ Und [D]weiß der Doktorfisch [G]mal nicht weiter...
– dann hat er [A]ja zum Glück noch [D]seinen Begleiter!
Ihr wisst, wen ich meine, ihr [G]alle kennt ihn
seinen [A]kleinen gelben [D]Assistenten.
Und ist bei dir die [G]Welt kopfunter,
machen [A]dich die beiden [D]wieder munter!
– Und dann nimmst du alles...

DIE HAUPTDARSTELLER

DER DOKTORFISCH

… ist Arzt und kennt sich gut aus mit Unterwasser-Krankheiten aller Art. Er trägt eine rote Brille. Sein Assistent und ständiger Begleiter ist …

DER KOFFERFISCH

… der nicht nur ein Fisch, sondern eben auch ein Koffer ist! Er hat immer alles dabei und zwar in seinem Bauch: Pflaster, Tabletten, Verbandszeug – und ein Telefon!

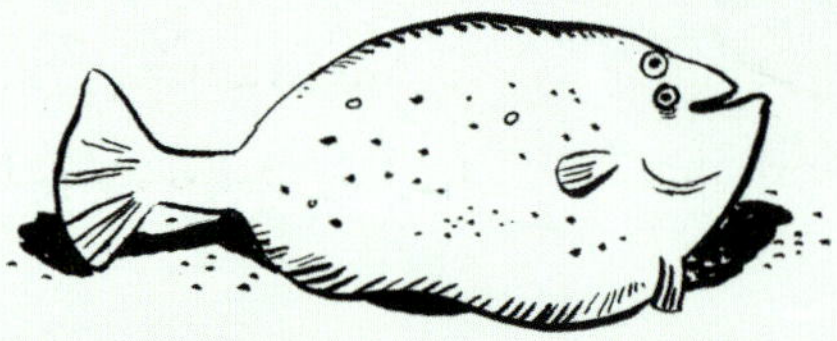

DAS SEEPFERDCHEN UND DER KUGELFISCH

… sind gute Freunde.

DER BUTT … ist dünn und flach und weit und breit der älteste Fisch.

DER EINSIEDLERKREBS

… liebt sein Schneckenhaus über alles – doch in einer Geschichte wird er leider umziehen müssen. – Pssst! Er weiß noch nichts davon.

DER LATERNENFISCH

… kann leuchten. – Seht mal!

DER WAL

… ist groß. Richtig groß! Deswegen seht ihr hier nur ein kleines Stück von ihm – er passt eben nie ganz auf ein Bild.